Uwe Lemke · Gotland

Uwe Lemke

GOTLAND

Insel der Götterschiffe

Urachhaus

CIP-Kurztitelaufnahme der Deutschen Bibliothek

Lemke, Uwe:

Gotland : Insel d. Götterschiffe / Uwe Lemke. –
2., überarb. u. erw. Aufl. – Stuttgart :
Urachhaus, 1986.
ISBN 3-87838-459-9

2. überarbeitete und erweiterte Auflage
ISBN 3 87838 459 9

Umschlaggestaltung Bruno Schachtner, Dachau.
Satz und Druck der Offizin Chr. Scheufele, Stuttgart.

Inhalt

Vorwort

Für die meisten Menschen im deutschen Sprachgebiet beschränkt sich das Wissen um Gotland wohl darauf, daß es sich hier um eine der Inseln in der Ostsee handelt. Nur diejenigen, die in die Geologie, Archäologie und Kunstgeschichte tiefer eingedrungen sind, wissen von den märchenhaften Schätzen, die dieses Land birgt. Gotland wird auch die »Insel der hundert Kirchen« genannt. Wenn man dabei erfährt, daß die jüngsten dieser hundert Bauwerke aus der gotischen Zeit stammen, wird man vielleicht hellhörig. Überzeugen wir uns jedoch davon, daß in den darauffolgenden Jahrhunderten auf Gotland fast nichts mehr an Kulturdenkmälern entstanden ist, dann verstehen wir, daß hier ein Stück reichster Vergangenheit offen zutage liegen muß, ohne von der nachfolgenden Geschichte verschüttet worden zu sein. So etwas ist wohl einmalig in ganz Europa.

Seit Jahrzehnten sind die gotländischen Kunstdenkmäler Gegenstand liebevoller Pflege und intensivster Forschung. Unzählige Einzelarbeiten und Forschungsberichte haben die Schätze der Insel ans Tageslicht gehoben, ihre Rätsel aufgedeckt oder auf Probleme hingewiesen. Allein die Zusammenfassung dieses Materials würde viele Bücherschränke füllen. Eine Reihe von glänzenden Veröffentlichungen über Gotland liegt seit einiger Zeit vor, darunter auch Werke in deutscher Sprache.

Die vorliegende Arbeit kann und will nicht Fachprobleme erörtern. Sie will auch nicht eine bloße Registrierung des vorhandenen Materials darstellen. Sie ist dem Wunsch entsprungen, einmal die Frage nach der *geistigen* Seite dieser zauberhaften Erscheinung »Gotland« stellen zu dürfen. Es ist hiermit der Versuch unternommen, das auf Gotland Sichtbare und Erlebbare transparent werden zu lassen für das Wesentliche hinter den Erscheinungen. Dabei ist angestrebt, Gotland so viel wie möglich über sich selbst aussagen zu lassen.

Einigen Freunden und Verwandten bin ich für unerläßliche praktische Hilfe bei der Erstellung des Bildmaterials größten Dank schuldig. Möge das Interesse, das diese Arbeit auch bei anderen Menschen für einen Einblick in edle Kunstgeschichte erwecken kann, ihnen das beste Gegengeschenk sein.

August 1970 *Uwe Lemke*

Vorwort zur zweiten Auflage

Seit dem Erscheinen der ersten Auflage des vorliegenden Buches ist ein Zeitraum von mehr als fünfzehn Jahren verstrichen. Der Verfasser durfte während dieser Zeit mit Freude feststellen, daß das Interesse für Gotland und seine Kulturgüter ungemein angewachsen ist und daß auch Menschen von Mitteleuropa zunehmend die Insel besuchen.

Als die Frage nach einer Neuauflage des seit langem vergriffenen Buches aufkam, wurde deutlich, daß an eine neue Gestaltung des Werkes gedacht werden mußte.

Der erste Grund liegt darin, daß inzwischen neue Funde gemacht wurden und neues Forschungsmaterial veröffentlicht worden ist. Auch haben sich im Laufe der Jahre für den Verfasser neue Perspektiven erschlossen; hierher gehört z. B. der Abschnitt über den Zusammenhang zwischen dem »Entdecker« Gotlands, Tjelvar, und dem Diener des Gottes Thor, Tjalvi.

Der zweite, weitaus wesentlichere Grund für eine Neugestaltung war aber der Wunsch, den Textteil und das Bildmaterial im Buche nicht mehr in zwei getrennten Abteilungen anzuordnen, sondern sie parallel miteinander das ganze Werk durchlaufen zu lassen. Damit entstand die Notwendigkeit, gewisse Kapitel im Text aufzubrechen, neu zu ordnen und mit den Illustrationen zusammenzustellen. Die Eingriffe in den Textteil nehmen sich auf den ersten Blick vielleicht als sehr erheblich aus, der aufmerksame Leser wird aber bald bemerken, daß der rote Faden und das Inhaltliche des ersten Buches in der Neuauflage unversehrt wiederzuentdecken sind.

Bei der Erstellung des neuen Bildmaterials waren freundlicherweise behilflich: die Mitarbeiter des Museums in Visby (Fornsalen) und des Staatlichen Historischen Museums in Stockholm, sowie Rajmond Hejdström, Hans Hemlin, Ingeborg Vatheur und Arne Philip, der die Luftaufnahmen eigens für dieses Buch herstellte. Allen sei hiermit herzlich gedankt.

Besondere Anerkennung gebührt den Mitarbeitern des Verlags Urachhaus, die mit großem Einfühlungsvermögen, in minutiöser Kleinarbeit und mit gediegenem fachlichen Können dem Werk seine Gestalt verliehen.

Stockholm, April 1986 *Uwe Lemke*

Einleitung

Das Landschaftsbild von Gotland wirkt vielfältig, obwohl die etwa 150 km lange Insel sich sehr flach erstreckt und auch ihre höchsten Erhebungen nur etwa 83 m über den Meeresspiegel aufsteigen. Fichten- und Kiefernwälder, fruchtbarer Ackerboden, sturmzerzauste Dünen, saftige, von Birken umstandene Wiesen, karge, völlig baumlose Heide, hohe Steilküste, Moore, Binnenseen – alles ist wie zu einem bunten Bildteppich zusammengewoben. Bald trifft der Blick auch auf die ersten »Raukar«, diese mächtigen Kalksteinsäulen, die das Meer bei seinem Angriff auf die Steilküste stehen lassen mußte.

Was zur Sommerzeit auf Gotland sogleich auffällt, ist die unglaubliche Blumenpracht in der Natur. Unendlich viele, intensiv leuchtende Blüten säumen jeden Weg. Mohn, Wegwarte, Natterkopf, Bitterkraut, wilde Möhre usw. Dabei können die Farben von Woche zu Woche in ihrer vorherrschenden Tönung wechseln, je nach Witterung und Jahreszeit. Es kommen auch Pflanzen vor, die zu ungewöhnlicher Jahreszeit blühen, zum Beispiel der Knotige Knebel, ein kleines gotländisches Nelkengewächs. Zudem ist Gotland berühmt als Orchideen-Insel. Nicht weniger als 35 Arten wachsen dort und können, besonders im Juni, ganze Felder bedecken. Das milde Meeresklima läßt ebenso Pflanzen aus dem südeuropäischen und Mittelmeerraum gedeihen, zum Beispiel eine seltene Knabenkrautart. Hier ist auch das nördlichste Gebiet, in dem die Weinrebe noch vereinzelt angebaut wird. Visby ist bekannt für die Pracht seiner Rosenhecken, die bis in die Weihnachtszeit hinein blühen können.

Der Boden Gotlands mit seinen Versteinerungen zeugt von den Wandlungen, die unser Planet durchgemacht hat. Denken wir uns eine große Urgesteinschale, die sich mit späteren Ablagerungen aus der Erdgeschichte gefüllt hat. Der tiefste Punkt dieser Schale liegt etwa unter dem ehemaligen Ostpreußen, der Rand aus Urgestein tritt im Westen in Südschweden an die Oberfläche. Wandern wir nun vom Rand der Schale nach innen, so stoßen wir stufenweise auf Schicht um Schicht, welche die Schale ausgefüllt haben: als erste Präkambrium, dann Kambrium (Ostschweden), Ordovicium (Öland), Silur (Gotland) und Devon (Ösel und das Baltikum). Alle Erdschichten fallen also langsam von Nordwest nach Südost ab. Daraus läßt sich die charakteristische Form Gotlands verstehen: hohe Steilküsten (Klinte) im Westen, Flachland im Osten.

Die Kalkablagerungen geschahen zu einer Zeit, als der Nordpol der Erde noch im Gebiet des jetzigen Stillen Ozeans und das spätere Gotland noch im tropischen Bereich lagen. Es bildete den Boden eines flachen, tropisch-warmen Meeres, das von Schnecken, Muscheln, Tintenfischen, Seewalzen, Seesternen, Seelilien, Korallen, Algen usw. bewohnt war.

In den darauffolgenden Erdepochen hob und senkte sich Gotland mehrmals, so daß wir frühere Steilküsten, gegen die das Meer anbrandete, jetzt sowohl hoch auf dem Land als auch unter dem Wasser vor der Küste finden können.

Als sich der Kalk-Meeresboden zum ersten Male aus dem Wasser erhob, war die Entwicklung des Tierreiches soweit fortgeschritten, daß der erste Land-Skorpion entstand. Das älteste Fossil dieses Tieres wurde in den Kalkablagerungen Gotlands gefunden (Fig. 1).

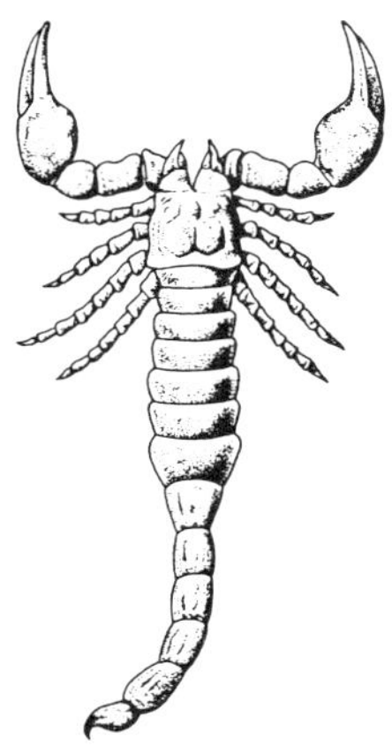

Fig. 1: Der erste Landskorpion, Palaeophonus nuncius. Fundort Visby. (Aus: Krister Brood, »Gotländska Fossil«. Zeichnung von Lennart Alexandersson.)

0 1 cm

3. Palaeophonus nuncius

Das Meer wechselte einige Male vom Salz- zum Süßwasser und umgekehrt; auch die klimatischen Verhältnisse waren starken Schwankungen unterworfen. Erst nachdem die Gletscher der Eiszeit, die ihre kräftigen Hobelspuren auf der Insel hinterlassen haben, allmählich weggetaut waren, kamen die ersten Menschen nach Gotland.

Wenn man sich heute mit dem Schiff Gotland nähert und erlebt, wie die Türme und Zinnen, die Mauern und Ruinen Visbys sich langsam aus den blauen Wassern zu erheben scheinen, dann kann dieses Bild sich zu einer leuchtenden Versprechung verdichten, als wollte sich Sagenhaftes, längst in das Dunkel der Vergessenheit Versunkenes nun doch noch vor den Blick stellen. Setzt man den Fuß an Land, so geschieht es vielleicht nicht ohne Zögern und leises Fragen nach Traum und Wirklichkeit. Die ersten Streifzüge durch die Wunderwelt der Ruinen lassen jedoch jede heimliche Furcht vor einer möglichen Enttäuschung gründlich schwinden. Von Schritt zu Schritt wächst die Gewißheit, an einem Ort zu sein, durch den die Vergangenheit sogar erstaunlich unverhüllt zu einem spricht.

Werden unsere Blicke auch von dem erfüllt, was an kostbaren Gottesbauten zwischen Wäldern und Feldern, auf einsamer Heide und an hoher Küste sich erhebt, dann kann das Staunen zur Stille werden. Diese »Kathedralen« – wie die zu Lau, Öja, Stenkyrka, Dalhem und viele andere – künden nicht nur von einem ungemein großmütigen, willensbefeuerten Menschenschlag auf dieser Insel, sondern auch von Zielen, die Menschheitsziele waren und hier eine Heimstatt hatten.

Anstatt in Provinzielles zu geraten, begegnet man Großzügigkeit und Welt-Weite. Gotland befreit und durchlichtet den staunenden Besucher; es schenkt ungeahnte Erfüllung. Die Perspektiven werden immer größer, je mehr man sich von der Insel erwandert. Selbst wenn die Fülle des Sichtbaren in vielen Wochen aufgenommen ist, hat man doch nur einen Bruchteil von Gotland gesehen. Denn jedes Jahr, wenn die gotländischen Äcker vom Pflug durchfurcht werden, kommen neue Schätze aus der Vergangenheit ans Tageslicht, häufig kiloweise Silber und auch Gold. Systematische Grabungen ergänzen die Funde und bringen uns neue Erkenntnisse. Oftmals sind unter dem Kalkputz der Kirchenwände alte Malereien verborgen, die bei Restaurationen dann plötzlich entdeckt werden.

Das, was auf Gotland erlebt werden kann, ist von einem geistigen Band durchzogen, das die unendlich vielen Teile zusammenhält. Wir wollen die Geschichte Gotlands nicht nur aus der Sicht der materiellen Gegebenheiten betrachten, auch nicht eine Art

Ideengeschichte betreiben, sondern das Augenmerk auf die Bewußtseinswandlungen im Menschen durch die Jahrhunderte und Jahrtausende lenken, wie es Rudolf Steiner, der Begründer der modernen Geisteswissenschaft, empfahl. Diese Art des Anschauens von der stufenweisen Bewußtwerdung spürt den stetigen Entwicklungsgang auf, der sich durch die Menschheitsschicksale hindurchzieht.

Schon die ersten Sätze der »Guta-Saga« führen uns in diese Welt der Wandlungen hinein.

Aus der Guta-Saga

Es gibt eine Aufzeichnung alter gotländischer Gesetze aus dem 14. Jahrhundert. Dieses Gesetzbuch hat überraschenderweise einen Anhang, in dem die Geschichte Gotlands berichtet wird, wie sie vermutlich hundert Jahre zuvor zum ersten Mal niedergeschrieben worden ist. Warum dieser Anhang dem Gesetzeswerk hinzugefügt wurde, weiß man nicht. Vermutlich fühlte sich der Schreiber dazu gedrängt, auf diese Weise der Nachwelt eine wichtige Aussage zu erhalten, von der er erlebte, daß sie mehr und mehr in Vergessenheit geriet. Der gotländische Heimatforscher Säve gab ihr im vorigen Jahrhundert den Namen »Guta-Saga«.

»Gotland fand zuerst der Mann, der Tjelvar hieß. Da war Gotland so verzaubert, daß es den Tag sank und die Nacht oben war. Aber dieser Mann trug als erster Feuer in das Land, und dann sank es nie mehr.«

Schon mit diesen ersten Sätzen wird uns ein Rätsel aufgegeben. Man hat viele Male versucht, diese geheimnisvolle Schilderung des Landes zu deuten, das am lichten Tag versank, nachts aber aus den Wassern hervortrat. Oft wird dieser Wechsel mit dem Heben und Senken des Ostseebeckens in Zusammenhang gebracht und mit den Eiszeiten, die Skandinavien heimsuchten und mit ihren Eismassen zudeckten. Wie sollte jedoch ein Mensch mit seinem »Feuer« diesen Mächten und Epochen der Erdgeschichte Einhalt gebieten können? Wir kommen dem Rätsel wohl näher, wenn wir bedenken, daß der Tages- und Nachtrhythmus nicht nur ein Wechsel des äußeren Lichtes ist, sondern zugleich auch das Aufleuchten und Schwinden eines inneren Lichtes, das heißt des Bewußtseins. Das war nicht immer so. Es gibt heute noch Menschen, die ihren Träumen mehr Gewicht beilegen als dem Tagesgeschehen. Die »Guta-Saga« führt uns sogar bis in die Zeit zurück, in der nicht nur die Traumwelt, sondern auch die des Schlafes vor dem Menschen offen dalag. Die Tageswelt war dagegen damals noch in eine Art schattenhaften Bewußtseins gehüllt, sie war kalt, nebelhaft bleich und »unwirklich«.

Die neueren Forschungen haben gezeigt, daß der Schlaf keineswegs so idyllisch und friedvoll ist, wie wir ihn uns bislang vorgestellt haben. Vielmehr geht der Mensch, wenn er schläft, durch hochdramatische Seelenerlebnisse hindurch, deren er sich nur selten und ahnungsweise bewußt wird.

Je weiter wir in die Vergangenheit zurückblicken, um so mehr verschiebt sich das Verhältnis von Tag- und Nachtwahrnehmung. Über das wache Träumen, zum Beispiel bei Joseph in Ägypten, gelangen wir in jene urfernen Zeiten, in denen der Mensch während der Nacht die hellsten geistigen Begegnungen hatte. Dieses Zeitalter wird von den verschiedenen Religionen das »goldene« genannt. »Da war Gotland so verzaubert, daß es den Tag sank und die Nacht oben war.« Die geschichtlichen Anfänge Gotlands liegen also in vorhistorischer Zeit, als das Erdenbewußtsein der Menschen noch weitgehend schlief.

Mit großer Genauigkeit schildert die »Guta-Saga«, wie nun das Erwachen für die Sinneswelt vor sich geht. Tjelvar trug das Feuer ins Land: Es war das Sinnenfeuer, das entfacht wurde und allmählich die Menschen unwiderstehlich aus den lichten Nachtbereichen in die Erden-Tagessicht herüberzog. Die Sinnesorgane fingen an, die äußere Welt *wahr*zunehmen, die Tageserlebnisse wurden wichtig und wirklich.

Damit lüftet sich ein wenig der Schleier vor der Gestalt des Tjelvar, hinter dem sich ein Weiser verbirgt, der um die Weltenziele wußte und seine Mitmenschen in die Erfahrungen der Erdenwelt hineinführte. Im Gegensatz zu dem griechischen Prometheus, der das Feuer den Göttern raubte und dadurch Unheil über sich und die Menschen brachte, scheint das Feuer Tjelvars ein stilles und »legitimes« zu sein und keine Schmerzen und Leiden als Schicksalsausgleich nach sich zu ziehen. Wir werden sehen, wie dieses Motiv als roter Faden die ganze gotländische Geschichte durchzieht.

Man darf wohl einen Zusammenhang zwischen dem Tjelvar der Guta-Saga und einer Gestalt aus der nordischen Mythologie vermuten, die Thjalvi heißt. Die Namensverwandtschaft läßt dieses jedenfalls zu.

Thjalvi war ein junger Bauernsohn, der auf eigentümliche Weise zum Diener und Begleiter des mächtigen Gottes Thor wurde. Thor, oder auch Donar, war der »Donnerer«, der Gott, der im zuckenden Blitzesfeuer und dröhnenden Donnergrollen einherfuhr. Sein berüchtigter Hammer war die gefürchtetste Waffe der Welt. Thors Hammer verfehlte niemals sein Ziel und kehrte nach dem Wurf immer von selbst wieder in die Hand des Schleuderers zurück. Es gingen aber auch Segenswirkungen von dem Hammer aus: Wenn Thor in dunklen Gewitterwolken, Blitze schleudernd, über die Lande gebraust war, dann war die Atmosphäre hinterher von Dunst und Schwüle gereinigt und die Felder und Äcker gesegnet. Auch bei der Eheschließung hatte der Segens-Hammer seine Bedeutung: Er wurde bei dem Fest der Braut für einige Augenblicke in den Schoß gelegt, um Glück und Kindersegen zu bringen. Den Jünglingen wurden in bestimmten Augenblicken ihrer Mannesproben der Thorhammer über das Haupt gehalten.

Am geheimnisvollsten war die Kraft des Hammers aber doch im Zusammenhang mit den zwei Böcken, die Thor vor seinen Wagen spannte, wenn er seine berüchtigten Ausfahrten machte, um die finsteren Gewalten der Riesen und Trolle zu vertreiben. Er konnte nämlich unbeschadet die beiden Böcke schlachten und ein leckeres Mal aus ihnen herrichten. Wenn er später seinen Zauberhammer über den aufgesparten Fellen und Knochen schwang, standen sie flugs wieder heil und lebendig da.

Einmal machten sich Thor und Loki auf, um ins Menschenreich Mitgard zu fahren. Nach beschwerlicher Reise kehrten sie am Abend bei einem Bauern ein, der die Gäste der Sitte gemäß bewirten wollte. Thor wollte aber an diesem Abend selbst der Gastgeber sein, schlachtete seine Böcke und bereitete ein köstliches Mahl, zu dem er auch die Kinder des Bauern, Thjalvi und Röskva, einlud. Alle hatten aber die strenge Weisung des Gastgebers gehört, sämtliche Knochen heil und ganz auf die aufgesparten Felle zu legen. So geschah es auch. Der junge Thalvi wollte aber gerne das Mark aus einem Schenkelknochen saugen und brach ihn – weil es ihm nicht gelang – mit einem Messer auf. Am nächsten Morgen erhob sich Thor als erster vom Lager und schwang seinen Hammer über den beiden Fellen mit den gesammelten Knochen, und die Böcke erhoben sich wieder. Thor merkte aber bald, daß einer von ihnen hinkte. Da ergrimmte Thor in einem so fürchterlichen Zorn, daß Blitze aus seinen Augen züngelten und die Knöchel seiner Faust weiß wurden, mit der er den Schaft des Hammers hielt. Der Bauer flehte um Gnade und bot ihm sein Hab und Gut an. Thor aber forderte seine beiden Kinder Thjalvi und Röskva, die ihm nun folgten und seine treuen Begleiter wurden.

Thjalvi (Tjelvar) wird also auch in der germanischen Mythologie als Mensch dargestellt. Hier, in diesem Zusammenhange, ist er allerdings schuldig geworden und sühnt seine Schuld durch den Gottes-Dienst.

Daß er das Sinnenfeuer entfachen konnte, so wie es die Guta-Saga beschreibt, stimmt mit der Aufgabe und Mission Thors zusammen. Dieser Gott wurde von den Germanen nämlich nicht nur in den äußeren Naturgewalten Feuer, Blitz und Donner erlebt, sondern auch in den entsprechenden mikrokosmischen Vorgängen innerhalb des Menschen: in Blutwärme, Herzschlag und Willensimpulsen. Der »kleine« Thor-Hammer ist der Pulsschlag. Durch ihn bahnt sich das Ich des Menschen immer wieder den Weg aus dem Inneren heraus bis in die Sinnesorgane und die Haut hinein und bewirkt dort die bewußte Begegnung mit der Außenwelt. Ein blutleeres Auge kann nicht sehen, auch wenn die Nerven intakt sind. Auf diese physiologischen Prozesse muß Tjelvar eingewirkt haben, als er »das Feuer nach Gotland brachte«.

Noch eine andere, äußerst wichtige Eigenschaft schreibt die germanische Mythologie dem Thjalvi zu. Die Prosa-Edda erzählt, wie er zusammen mit Loki den Thor auf einer Ausfahrt begleitete, um Utgardloki (»Außenhof-Loki«) aufzusuchen. Hinter dieser Gestalt verbirgt sich die Weltenmacht, die dem Menschen die Sinne verdreht. Utgardloki ist der große Täuscher, der dem Menschen immer Schein als Wirklichkeit vorspiegeln will. So wurden die drei bereits auf der Hinfahrt gründlich getäuscht, als sie einem gewaltigen Riesen begegneten und nicht merkten, daß dieser bereits der Gesuchte war. An seinem Hof angelangt müssen Thor, Loki und Thjalvi dann aber Proben ihrer Stärke und ihres Könnens ablegen, denn niemand ist dort willkommen, der nicht siegen kann. Es mißglückt ihnen aber schmählich, weil sie die Er-Scheinungen, mit denen sie kämpfen, nicht durchschauen: Loki sieht beim Wettessen nicht, daß er gegen das allverzehrende Feuer angetreten ist, Thor bemerkt beim Wettrinken nicht, daß die durchbohrte Spitze seines Trinkhornes bis in den Ozean reicht, und Thjalvi bemerkt beim Wettlauf nicht, daß er gegen die Schnelligkeit des Gedankens anzulaufen versucht. So wird Thjalvi als der schnellfüßige Helfer des Thor geschildert, dem er sogar einmal mit Hilfe seiner blitzschnellen Auffassungsgabe das Leben rettet.

Abb. 1 Brakteat aus Gold.
Um 500 n. Chr. Fundort Lojsta.
(Visby, Museum.)

Abb. 2 Arm- und Halsreifen aus Gold. Um 200 n. Chr. Fundort Källunge. (Visby, Museum.)

Abb. 3 Sattelbeschlag aus vergoldeter Bronze. 7. Jahrhundert. Fundort Vallstena. (Histor. Museum, Stockholm.)

Abb. 4 Sonnenscheibe, vermutlich von einem kultischen Gerät. Bronzezeit. Fundort Eskelhem. (Histor. Museum, Stockholm.)

7994.

Abb. 5 Zaumzeugbeschlag.
Um 800 n. Chr. Fundort Broa bei Halla.
(Histor. Museum, Stockholm.)

Abb. 6 Zaumzeugbeschlag.
Um 800 n. Chr. Fundort Broa bei Halla.
(Histor. Museum, Stockholm.)

Abb. 7 Brakteat aus Gold, mit einer reitenden Gottheit. Um 500 n. Chr. Fundort Fardhem. (Histor. Museum, Stockholm.)

Abb. 8 Brakteat aus Gold. Ausschnitt von Abb. 7.

Abb. 9 Dosenförmige Spange.
Bronze, Silber und Gold.
900–1000 n. Chr. Fundort Grötlingbo.
(Histor. Museum, Stockholm.)

»Dieser Tjelvar hatte einen Sohn, der hieß Havde. Aber Havdes Frau hieß Vitstjärna *(Weiß-Stern)*. Diese zwei bauten als erste in Gotland. Die erste Nacht, die sie zusammen schliefen, träumte sie einen Traum. So: Drei Schlangen, die waren in ihrer Brust zusammengeschlungen, die krochen aus ihrer Brust. Diesen Traum sagte sie Havde, ihrem Mann. Er deutete ihren Traum so:

Alles ist in Bögen gebunden,
bebautes Land soll dieses werden,
und drei Söhne sollen wir haben.
Denen gab er allen ungeboren Namen:
Gute soll Gotland eignen,
Graip soll der andere heißen
und Gunfjaun der dritte.

Sie teilten dann Gotland in drei Landdrittel, so daß Graip, der älteste, das nördlichste Landdrittel und Gute das mittlere erhielt. Aber Gunfjaun, der jüngste, erhielt das südlichste.«

Wir sind mit Havde und Vitstjärna in der Zeit des Wachens in den Träumen angekommen. Ihre Namen repräsentieren in diesem Zusammenhang schon ein neues Weltalter. Vitstjärnas Träume waren Wahrträume. Es ist von Rudolf Steiner darauf hingewiesen worden, daß in früheren Epochen die Menschen sich der physischen Entstehung eines Nachkommen nicht bewußt waren. Die Ankunft eines Kindes wurde von der Mutter zuerst geträumt. Als sich diese Verhältnisse allmählich zu ändern begannen, wurden sie zunächst in den Nerthus-Mysterien weiter lebendig erhalten, wie es auch Tacitus erwähnt.

Havde deutete den Traum, den ihm seine Frau erzählt hatte, mit einem feierlich kurzen Spruch, der deutlich macht, daß die Welt des Vorgeburtlichen ihm noch bewußt gewesen ist. Er schaute die drei Söhne. Deren Namengebung oder »Taufe« fand bereits vor der Geburt statt. Auch der Runenspruch Havdes über die Dreiteilung Gotlands stammt aus dieser Sphäre. Der damit einmal angeschlagene Dreiklang ist durch die Jahrtausende lebendig geblieben und taucht beim Einzug des Christentums und der Errichtung der ersten Kirchenbauten auf Gotland wieder auf.

Über die folgenden Jahrtausende schweigt die »Guta-Saga«. Um so mehr hat die Archäologie zutage gefördert. Es wurden Spuren menschlicher Besiedlung gefunden, die in die Zeit bis etwa 5000 Jahre v. Chr. zurückgehen. Gotland hat ganz offensichtlich die gesamte Entwicklung des nördlichen Europa mitgemacht und ist nicht erst später einbezogen worden. Das heißt aber, daß es bereits in der damaligen Zeit Seefahrt gab. Die Funde aus der Zeit um 2000 v. Chr. zeugen dann auch von Seehandel und Verbindung mit anderen Ländern.

Wieder stehen wir vor einem Rätsel. Es ist außergewöhnlich schwer, sich vorzustellen, welche Bewußtseinsinhalte diejenigen Menschen hatten, von denen die ersten primitiven Geräte stammen. Der im vorigen Abschnitt geschilderte Bewußtseinswandel der Menschen aus dem Hellsehen im Schlaf-Traumesbereich in das Sinneswahrnehmen der Erdendinge läßt uns verstehen, in welchem Maße sie auch Lernende waren. Der Mensch war eben auf irdischem Gebiet ein Beginnender; auf anderen Gebieten konnte er durchaus noch ein Meister sein. Aber heute würden wir uns hüten, einen hochgebildeten Menschen deshalb nicht ernst zu nehmen, weil er vielleicht in irdisch-materiellen Dingen nicht besonders praktisch ist. Bezeichnenderweise ist das Grundelement der alten Religionen die Verehrung der jeweiligen Ur- oder Erzväter, denn sie waren die Heroen und Meister, zu denen man aufschaute, weil sie den Göttern und Geistern noch nahegestanden hatten.

Betrachtet man allein die Steinaxt, die Pfeilspitze, den verzierten Tonkrug, den Bronzeschmuck, das Eisenschwert oder das Goldarmband als solche, so sieht man doch nur das Äußere. Eine grandiose Götterwelt gehört im Grunde dazu; sie wurde geschaut, erlebt, erlitten und zuletzt, als das erwachte Erdenbewußtsein alles zuzudecken drohte, in Worte geprägt und aufgeschrieben: Es entstand die Edda. In solchem Kraftfeld lebte und kämpfte der germanische Mensch. Auf der einen Seite fühlte er das unwiderstehliche Herannahen der Götterdämmerung – die Edda enthält ja auch nur noch Bruchstücke der ursprünglichen Geistesschau –, auf der anderen Seite fühlte er sich als Anfangender in Handhabung der Erdenmaterie.

So wird das Panorama der unzähligen Funde, welche die gotländische Erde hergegeben hat, zu einer anschaulichen »Fahrt ins Erdenland«, hinein in die Bemeisterung des Stoffes: Stein, Bronze, Eisen. Man fing damals also an, mit Hilfe der schweren Erdenmaterie bestimmte Geschehnisse oder Orte zu markieren und damit eine Art von »Erdgedächtnis« zu schaffen. So entstanden Grabplätze, Richtstätten und Einweihungsorte.

Gerade um jene Zeit, als sich die christlichen Ereignisse in Palästina vollzogen, erschien an der Weichselmündung plötzlich eine Flotte, die – von Norden kommend – ein ganzes Volk an Land setzte: die Goten. Woher sie kamen, ist bis auf den heutigen Tag umstritten; was sie vollbrachten, ist außergewöhnlich. Sie drangen zunächst in ein- bis zweihundert Jahren bis an das Schwarze Meer vor. Snorre Sturluson, der Verfasser der Edda, nennt das Gebiet östlich des Schwarzen Meeres die Heimat des Odin. Auch sind die sagenumwobenen Jünglingskönige, die ersten in Skandinavien, aus diesem Land nach Nordeuropa gekommen. Am Schwarzen Meer wuchs das Volk der Goten so mächtig heran, daß es sich in West- und Ostgoten teilte. Von hier aus brachen sie dann in das Römerreich ein und versetzten dem alternden Imperium den Todesstoß. Aus der niederbrechenden Welt der Antike holten sie jedoch den bedrohten Zukunftskeim des jungen Christentums heraus, der dort für die ersten Jahrhunderte seine Heimstatt gehabt hatte. Wulfila und Theoderich waren dabei die entscheidenden Persönlichkeiten. Es ist wohl ein weltgeschichtliches Runenzeichen ersten Ranges, daß dieses Volk gleichzeitig mit den Christusereignissen in der Menschheitsgeschichte erscheint.

Selbst Cassiodorus, der Geheimschreiber Theoderichs des Großen, der die Geschichte des Gotenvolkes aufzeichnete, hebt nicht den Schleier, der über dessen Herkunft liegt. Ein möglicher Hinweis besteht darin, daß die Gleichheit der Namen »Gotland« und »Goten« im Wortstamm nicht einfach als eine Zufälligkeit abzutun ist, auch wenn das auf dem schwedischen Festland liegende »Götaland« als Heimat der Goten ebenfalls in Frage kommt. Die Funde an der Weichselmündung geben in dieser Hinsicht keinen eindeutigen Bescheid. »Gotland« will offenbar anders verstanden werden, mehr als ein *geistiger Quellort*, der vielleicht in einzelnen Völkern und Landschaften besonders stark in Erscheinung tritt. Bedenken wir noch einmal, wer die Goten auf ihre welthistorische

Mission geschickt hat: Sollte sich hier etwas Ähnliches vollzogen haben wie auf Irland, wo die Druiden-Priester durch Schauungen zu Zeugen des Christus-Ereignisses in Palästina geworden waren, was dann später die umfangreiche Missionstätigkeit der iroschottischen Mönche zur Folge hatte. Kann es sein, daß ähnliche geistige Wahrnehmungen zum Anlaß wurden, die Goten auf ihre Mission zu senden, »als die Zeit erfüllet war«? Die hochbedeutsame und zentrale Aufgabe, die Gotland später im Zusammenhang mit der Einführung des Christentums in Nordeuropa übernehmen sollte, läßt die Frage entstehen, ob es sich hier etwa um ganz andere als nur zufällige Erscheinungen handelt. Nicht zuletzt besteht die Möglichkeit, daß von den Goten, und damit auch von Gotland, der neue, in die Zukunft weisende Name für das höchste Wesen der Welt stammt. Die Stärke, Fruchtbarkeit und Sieghaftigkeit eines Volkes wurde damals immer als Geschenk der Götter erlebt. Die Schicksalsmacht, welche die Goten impulsierte: das war »Gott«.

Welche Wesenszüge hatte aber diese Gottheit selbst? Man hat außerordentlich viel daran gesetzt, um in Erfahrung zu bringen, was dieses Wort rein sprachlich eigentlich bedeutet und welches sein Ursprung ist. Die wahrscheinlichste Erklärung ist, daß »got« mit dem germanischen »goth« zusammenhängt, welches »Pate« oder »Bürge« heißt. Im Schwedischen gibt es heute noch den gebräuchlichen Ausdruck »att gå i god för någon«, das heißt: »für jemanden bürgen«.

Diese Gottheit wurde also von den Völkern im Norden nicht als ein allmächtiger, richtender und strafender Herrscher erlebt, sondern als ein Wesen, das sich selbst gleichsam zurückzieht und dem Menschen einen Frei-Raum gibt. Im Hintergrund bleibend vertraut dieser Gott wie ein »Pate« darauf, daß der Mensch in den Abenteuern seiner Existenz und seines Lebens selbst den rechten Weg und sein Entwicklungsziel finden wird. Dafür »bürgt« dann Gott mit seinem Wort, dem Logos, dem Sohn.

Der erstaunlich leichte Übergang der Goten vom Heidentum zum Christentum mag mit diesem Urempfinden der germanischen Seele zusammenhängen.

Die archäologischen Funde auf Gotland deuten auf eine friedliche, blühende Zeit während der ersten vier Jahrhunderte unserer Zeitrechnung hin. Gotland war damals in keine Kriege verwickelt, wie überhaupt niemals Eroberungszüge von der Insel ausgegangen sind. Wir werden dieses Friedenselement noch in anderen Zusammenhängen wiederfinden.

Während dieser Zeit, die man die »römische Eisenzeit« nennt, bestanden lebhafte Handelsbeziehungen zu ganz Europa, ja, weit über Europas Grenzen hinaus. Es ergoß sich in das Land ein unabsehbarer Strom von Gold- und Silbermünzen. Sie galten auch auf Gotland als Zahlungsmittel, im Gegensatz zu anderen Ländern, besonders dem fränkischen Reich, wo sie erst umgeschmolzen werden mußten. Diese Münzen stellen ein hervorragendes Hilfsmittel bei der Datierung der Funde dar, sind doch Bild und Name der Kaiser und anderer Herrscher in sie eingeprägt. Von der Bedeutung des damaligen gotländischen Handels kann man sich eine Vorstellung bilden, wenn man bedenkt, daß fünf Siebtel aller in Skandinavien gefundenen römischen Silbermünzen und etwa die Hälfte aller Goldmünzen auf Gotland aus der Erde hervorgeholt worden sind.

Um 500 n. Chr., also ungefähr zu der Zeit, als das ostgotische Reich mit Theoderich dem Großen zugrunde ging, scheint Gotland von Feinden überfallen worden zu sein: Verlassene Wohnstätten, verkohlte Hausreste sowie Unmengen vergrabener Gold- und Silberschätze geben davon Zeugnis. Man weiß aber nichts Genaueres über Ursachen und Hergang dieser Katastrophe.

In den darauffolgenden Jahrhunderten, in denen eine neue Blütezeit begann, wurden die ersten ausgesprochenen Kunstwerke geschaffen. Das Goldschmiedehandwerk ist mit eigenen gotländischen Meistern und Schulen vertreten, aus denen die vielen Schmuckstücke, Spangen, Ringe, Schnallen und Beschläge stammen, die häufig dem Besitzer in das Grab beigegeben wurden (Abb. 1–6 u. 9 und Fig. 3).

Es entstanden nun auch – vielleicht nach römischen Vorbildern – die ersten gotländischen Bildsteine, kostbarste Zeugnisse aus der germanischen Welt, die im übrigen Skandinavien seltsamerweise nicht vorkommen. Es ist nicht erwiesen, daß die ältesten – und eindrucksvollsten – Steine Grabsteine gewesen sind, wie es für spätere Jahrhunderte zutrifft. Diese axtförmigen, schön gehauenen und mit flachem Linienrelief versehenen Steine dienten aller Wahrscheinlichkeit nach dem Kultus an besonders heiligen Stätten.

Ihre Ausdruckskraft spricht jedoch für sie selbst: Die Axt- oder Beilform symbolisiert Kampf und Muteskräfte. Daß in diese »Kampf«-Steine immer wieder das Sonnenrad eingeritzt wurde, mag uns ein Zeichen dafür sein, wie wenig jene Kämpfe von irdischen Ursachen herrührten. Das Sonnenrad auf dem Axtstein ist der beste Hinweis darauf, daß die Auseinandersetzungen, Heldentaten und Mutproben als das Ringen der kosmischen Sonnenkräfte im Menschen mit den Mächten der Finsternis erlebt wurden. Man kann sich vorstellen, daß in den Jünglingen und Männern, die in besonders feierlichen Augenblicken vor diese Sonnen-Steine geführt wurden, die Treue zu den Lichtgewalten in der Welt belebt und bis in die Willenstiefen hineingeleitet wurde. Wir treffen hier – wie bei der griechischen Kunst – auf die Tatsache, daß die ältesten Bilddarstellungen nicht naive, plumpe Nachzeichnungen äußerer Gegenstände sind, sondern strenge geometrische Figuren. Der Bildstein von Havor (Abb. 10) ist das beste Beispiel dafür: in der Mitte ein Strahlenkreis, in dessen Innerem eine unendliche Schlinge zwischen Kreis und Kreuz schwingt. Umgeben ist dieses Sonnenzeichen von wellenartigen Linien, die sich unten in zwei stark stilisierten Schlangenkörpern wiederholen.

Auf anderen Bildsteinen sehen wir den Sonnenring gefüllt mit spiralenähnlichen Linien und Farbflächen, für die es gar keine Vorbilder in der Außenwelt gibt, die hier nachgeahmt worden sein könnten. Auf dem großen Stein von Sanda (Abb. 12) ringeln sich wieder zwei stilisierte Schlangen um die beiden Kreis- und Wirbelgebilde unter dem Sonnenzeichen, über dem ein großer Drache zu sehen ist. Unten gleitet ein Schiff mit Ruderern übers Wasser, darüber ist ein großer, ebenfalls stilisierter Hirsch abgebildet. Auf einem Bildstein von Martebo wird die Schlange von zwei Reitern bekämpft, wobei sogleich eine gewisse Anmut der Bewegung zu spüren ist; hier beginnt das Gestaltete wirklichen Pferden, Menschen und Schlangen zu gleichen. Einen ähnlichen Grad von Naturalismus besitzen die Figuren des Steines von Smiss (Abb. 15), obwohl das dreileibige Schlangen- oder Drachenwesen noch starken Symbolcharakter trägt. Die Schlangenlinie an der Kante ist bei diesem Stein zu einer Doppellinie geworden.

Wenn man vor diesen Steinen eine Zeitlang anschauend verweilt, spürt man deutlich den ungemein strahlenden Zauber, der von den geometrischen Figuren und Linien ausgeht. Man wird aus einer anderen Welt angesprochen; die Linien, Wirbel und Spiralen beginnen nach einiger Zeit für das eigene Erleben sich zu drehen und zu fluten. Dies war beim früheren Menschen sicher viel schneller und intensiver der Fall.

Was sollte denn im Beschauer angeregt werden? Die Bilder zeigen es ganz deutlich: Es gilt nun die Schlange, die an das Irdische gefesselten Kräfte im Menschen, zu entdecken, in die Gewalt zu bekommen und aufzurichten. Die Schlange ist, im Alten Testament oder der griechischen Kulturwelt zum Beispiel, das Bild für die dem Menschen schädlichen animalisch-irdischen Kräfte, die – vom Ich in eine andere Richtung gebracht – sogar Heilwirkungen hervorbringen können (Äskulapstab).

Zwei Dinge spricht diese Art der Bildsteine aus: Erstens entstammen die strömenden, kreisenden Bewegungen, die auf ihnen nachgebildet wurden, nicht der Natur, sondern sind geschaut worden. Auf dem Stein von Ardre ist zum Beispiel schwer zu entscheiden,

Fig. 2: Bildstein von Hangvar Austers; Untier und Mensch um Sonnenzeichen. 8. Jahrhundert n. Chr. (Visby, Museum.)

ob die Form oben im mittleren Feld ein Schiff darstellen soll. Allen diesen Darstellungen liegen übersinnliche Erlebnisse zugrunde, die beim Betrachter wieder belebt werden konnten. Zugleich aber wurde mit dieser geistigen Wiedererweckung angestrebt, den Kräften des Bösen im Irdischen mutvoll begegnen zu können.

Am Ende des 7. Jahrhunderts gingen die Szenen auf den Steinen in eine stark figürliche Bildhaftigkeit über: Begebenheiten aus dem Leben eines Kriegers, die Schiffsüberfahrt nach Osten, der Eingang in Walhall wurden dargestellt. Der Strahlenzauber und die feinziselierte Linienführung sind verschwunden, die Bildmotive werden detailliert. Auf vielen Steinen sind Schiffe zu sehen. Auf dem Stein von Sanda (Abb. 18) schwebt über den Menschengruppen ein vogelähnliches, beflügeltes Wesen, das Odin symbolisieren könnte. Die obere Szene gibt vielleicht die Begrüßung des gefallenen Kriegers in Walhall wieder. Auf dem Etelhemer Stein (Abb. 14) könnte das obere Bild die Todesszene zeigen, das untere den freudig beschwingten Ritt über die Schwelle nach Walhall hinein. Der Stein von Halla bildet auf dem oberen Feld ab, wie von der Walküre ein Willkommenstrunk gereicht wird (Abb. 16).

Der Stein von Lärbro (Abb. 19) ist von beachtlicher Größe. Unten befindet sich eine Schiffsdarstellung, darüber die Szene vom Tod eines Kriegers mit dem Odinsvogel über dem Pferd; wiederum darüber eine Kampfszene, in welcher die Verteidiger des Landes offensichtlich durch eine Frau mit Feuer (?) unterstützt werden. Die unterste Reihe des Kopffeldes zeigt verschiedene Opfer, über die sich ebenfalls der Odinsrabe niedersenkt. Die obersten Felder geben Szenen in Walhall wieder.

Der Stein von Tängelgårda (Abb. 20) zeigt oben den Tod des Kriegers, in der Mitte bringt Odins achtfüßiges Roß den Gefallenen herbei, der dann – noch ein Bildfeld tiefer – in feierlicher Prozession nach Walhall geleitet wird. Die Schiffsdarstellung kann bedeuten, daß der Held in einem Land jenseits des Meeres gefallen ist.

Diese Grabsteine sind sicherlich nicht nur Denkmäler für gefallene Helden gewesen. Die Bilder sollten auch das Bewußtsein von der Realität der Götterwelt wieder beleben und stärken, die sich der unmittelbaren Anschauung in jener Zeit schon mehr und mehr entzog. Die Todespforte und der Ahnenkult hatten in früheren Zeiten den Weg zum

Abb. 10 Bildstein mit Sonnenzeichen.
5. Jahrhundert n. Chr.
Fundort Havor bei Hablingbo. (Visby, Museum.)

Abb. 11 Bildstein mit Sonnenzeichen. 5. Jahrhundert n. Chr. Fundort Hellvi bei Lilla Ihre. (Visby, Museum.)

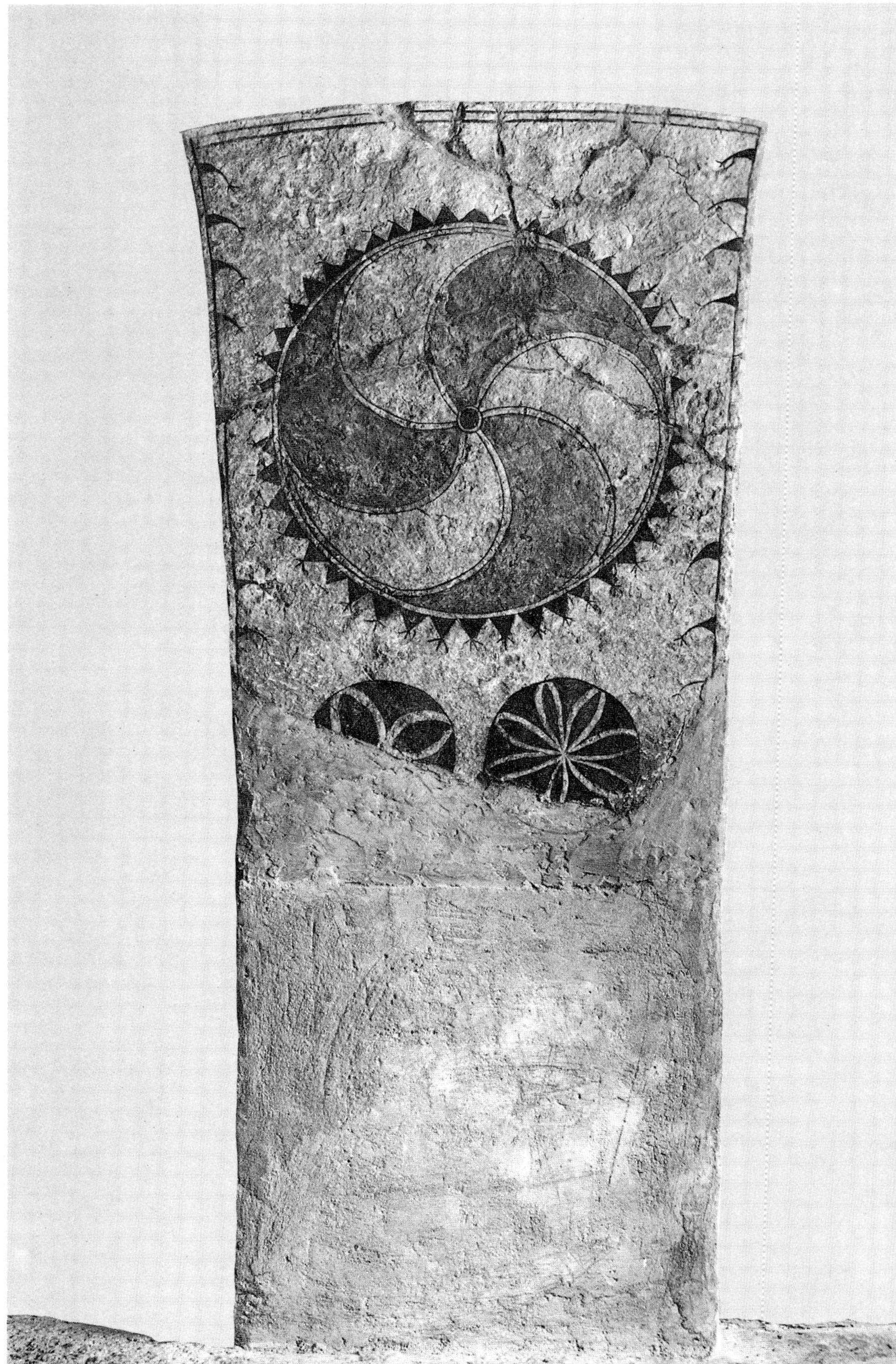

Abb. 12 Bildstein mit Sonnenzeichen, Schlangenzeichen und Schiffsdarstellung. Rechts unten Wetzrinnen aus späterer Zeit. 6. Jahrhundert n. Chr. Fundort Sanda. (Visby, Museum.)

Abb. 13 Bildstein mit symbolischer Schiffsdarstellung.
6. oder 7. Jahrhundert n. Chr. Fundort Ardre.
(Visby, Museum.)

Abb. 14 Bildstein mit Kampf- und Reiterszene. 7. oder 8. Jahrhundert n. Chr. Fundort Etelhem. (Visby, Museum.)

Abb. 15 Bildstein mit dreileibigem Drachenwesen und Schlangenbezwinger. 7. Jahrhundert n. Chr. Fundort Smiss bei När. (Visby, Museum.)

Abb. 16 Bildstein mit Empfang eines Kriegers in Walhall und Schiffsdarstellung. 7. oder 8. Jahrhundert n. Chr. Fundort Halla. (Visby, Museum.)

Abb. 17 Bildstein mit Schiffsdarstellung.
8. Jahrhundert n. Chr. Fundort Alva.
(Visby, Museum.)

Abb. 18 Bildstein mit engelähnlichen und menschlichen Gestalten.
7. oder 8. Jahrhundert n. Chr. Fundort Sanda.
(Visby, Museum.)

Abb. 19 Bildstein mit Opfer-, Schlacht und Todesszenen sowie einer Schiffsdarstellung. 8. Jahrhundert n. Chr. Fundort Lärbro. (Bunge, Museum.)

Abb. 20 Bildstein mit Kampf- und Prozessionsdarstellungen, mit Odins achtfüßigem Roß Sleipnir sowie einer Schiffsdarstellung. 8. Jahrhundert n. Chr. Fundort Tängelgårda bei Lärbro. (Histor. Museum, Stockholm.)

Abb. 21 Bildstein mit dem Einzug in Wallhall,
Sleipnir mit einem Drachenwesen unter sich,
darunter Schiffsdarstellung. 8. Jahrhundert n. Chr.
Fundort Tjängvide bei Alskog. (Histor. Museum, Stockholm.)

Abb. 22 Kistengrab. 7. Jahrhundert n. Chr.
Fundort Änge bei Buttle. (Visby, Museum.)

Abb. 23 Stein mit Drachenornament.
Runen aus dem 11. Jahrhundert.
Fundort Ardre. (Visby, Museum.)

Abb. 24 Bildstein von Uddvide bei Grötlingbo.
Frauengestalt auf einem Wagen stehend,
von mehreren Tieren gezogen.

Abb. 25 Stein mit Sonnenzeichen und Runenschrift. Frühmittelalterlich. Fundort Rute. (Rute, Kirche.)

Erleben des Geistigen aufgezeigt. Das achtfüßige Roß Sleipnir, auf dem Odin im Sturmeswind durch die Welt reitet, um einen toten Krieger nach Walhall zu bringen, die Tore des Himmels und der Hölle sprengend, wurde im Zusammenhang mit den Totenkulten zum Gedankenroß, mit dem die Menschenseele sich schnell und ungehindert in andere Welten begeben kann.

Nun berichtet die »Guta-Saga« weiter:

»Dann vermehrte sich von diesen dreien *(Gute, Graip und Gunfjaun)* das Volk in Gotland eine lange Zeit so sehr, daß das Land sie nicht alle nähren konnte. Da losten sie fort vom Land jeden dritten Mann, so, daß alle ihr Eigentum auch mit sich fortnehmen sollten, das sie über der Erde hatten. Daraufhin wollten sie ungern fortziehen, sondern zogen in die Torsburg und ließen sich dort nieder. Dann wollte das Land sie nicht mehr dulden, und sie trieben sie fort. Darauf fuhren sie fort nach den Faroy *(Fårö)* und ließen sich dort nieder. Da konnten sie sich nicht aufhalten, sondern fuhren nach einer Insel bei Estland, die heißt Dagai *(Dagö)*. Und da ließen sie sich nieder und errichteten eine Burg, die noch zu sehen ist. Dort konnten sie sich auch nicht aufhalten, sondern fuhren ein Gewässer hinauf, das Dyna *(Düna)* heißt, hinauf durch Rußland. So fern fuhren sie, daß sie nach Griechenland kamen. Dort erbaten sie von der Griechen König, während zu- und abnehmendem Mond bleiben zu dürfen. Das gelobte der König ihnen und vermeinte, daß es nicht mehr als ein Monat werde. Dann war ein Monat vergangen. Er wollte sie fortweisen. Aber sie antworteten, daß zu- und abnehmender Mond ›immer‹ war, und sagten, so war es gelobt. Dieser ihr Zwist kam zuletzt vor die Königin. Da sagte sie: Mein Herr König, du gelobtest ihnen, hier Bleibe zu haben bei zu- und abnehmendem Mond. Das ist immer, da magst du es ihnen nicht nehmen. So wohnten sie dort und wohnen noch dort und haben noch etwas von unserer Sprache.«

Für die beschriebene Auswanderung eines Drittels der gotländischen Bevölkerung hat man keine sicheren Belege. Es ist aber anzunehmen, daß dieses Ereignis sich zugetragen hat, denn nur so ist die gewaltige Torsburg zu verstehen (Abb. 27). Sie ist die größte der etwa 60 Fliehburgen auf Gotland und muß wegen innerer Spannungen unter der

Bevölkerung errichtet worden sein. Fliehburgen waren immer so gelegen, daß die Schutzsuchenden sie rasch vor dem herannahenden Feind erreichen konnten. Dies ist bei der Torsburg nicht gegeben; sie liegt nahe am Meer, und die Verteidigung eines solchen Bollwerkes mußte mehr Menschen erfordern, als in unmittelbarer Nähe wohnten. Vermutlich ist die Torsburg also ein befestigtes Lager für die Ausziehenden gewesen. Da man das Mauerwerk zum Teil auf etwa 800 n. Chr. datieren kann, könnte die erwähnte Auswanderung um diese Zeit erfolgt sein.

Fig. 3: Silberschatz mit Armringen und etwa 750 arabischen Münzen aus der Zeit 770–944 n. Chr. Gefunden 1960 bei Lilla Tollby, Källunge. (Visby, Museum.)

Um vieles aufschlußreicher ist die Art und Weise, wie diese Auswanderung vor sich ging. Sie kam nicht dadurch zustande, daß ein schwächerer Bevölkerungsteil einfach verdrängt wurde oder ganze Groß-Sippen sich auf die Wanderung begaben, sondern durch das Los. Und zwar traf dieses nicht die Sippe, sondern das Oberhaupt einer Familie. So kann man sagen, daß sich hier ein ichhaftes Schicksal vorbereiten konnte. Damit war das Volk bereits ganz nahe an die Geheimnisse des menschlichen Ichs herangekommen. Hinter solchen Vorgängen läßt sich die weise und zielbewußte Lenkung erahnen, die in der Menschheitserziehung wirksam ist.

Zwischen 800 und 1050 n. Chr. wurden wieder Unmengen von Münzen nach Gotland eingeführt, hauptsächlich arabischen, aber auch fränkischen und angelsächsischen Ursprungs. Etwa 100 000 Silbermünzen hat man aus diesem Zeitraum bisher gefunden. Es ist eine merkwürdige Erscheinung, daß durch den Siegeszug des Islam das Silber in Europa zum weitaus wichtigsten Münzmetall wurde. Die Eroberung Persiens brachte die Araber in den Besitz der Silberminen in Taschkent, in denen nun die Silbergewinnung außerordentlich gesteigert wurde. Von dort aus gelangte das Silber auch in die westlichen, christlichen Länder, wo es im 8. Jahrhundert sogar das ausschließliche Münzmetall wurde. So legen die Silberfunde auf Gotland Zeugnis ab von politischen und wirtschaftlichen Veränderungen ferner Länder. Im Gegensatz zu Spanien und Sizilien, die durch ihre Niederlagen gegenüber den Mohammedanern arabische Einflüsse in sich aufnahmen, ist Gotland jedoch trotz intensivster Handelsverbindungen mit dem Kalifat im Osten von solchen Einwirkungen geistig frei geblieben.

Noch sind wir in der Zeit des Heidentums:

»Vor dieser Zeit und lange danach ehrten sie in heiligen Hainen und an Grabhügeln, Opferplätzen und Stabhöfen die heidnischen Götter. Sie opferten ihre Söhne und ihre Töchter und Vieh, dazu Essen und Trank. Das taten sie nach ihrem Irrglauben. Das ganze Land hatte sein höchstes Opfer mit Menschen. Auch hatte jedes Landdrittel seines. Aber kleinere Things hatten kleinere Opfer mit Vieh, Essen und Trank. Sie werden Opferbrüder genannt, denn sie opferten alle gemeinsam.«

Diese abschreckenden Schilderungen des Schreibers der »Guta-Saga«, der ein Christ war, verraten deutlich sein Anliegen: Die heidnischen Bräuche hörten eben nicht jäh beim Einzug des Christentums auf, sondern setzten sich noch jahrhundertelang fort. Es waren aber nicht nur diese Bräuche, die mehr oder minder im verborgenen fortlebten, auch die Fähigkeit, die alten Götterwesen zu schauen, dämmerte immer noch einmal wieder herauf.

In zahlreichen gotländischen Volkssagen aus christlicher Zeit wird von Begegnungen mit dem Jäger und Weltenwanderer Odin berichtet, die jedoch schon zu unheimlichen Erlebnissen geworden waren. Man traf ihn am Abend oder nachts. Er war an seinen schwarzen Hunden zu erkennen, aus deren Mäulern Feuerflammen schlugen. Häufig verfolgte er zu Pferde mit ihnen ein Meerweib. Kamen die beiden schwarzen Hunde zum Hoftor herein, dann sagten diejenigen, »die das verstehen«: »Odin kommt!« (Abb. 7 u. 8). Manchmal ist in diesen Sagen der Name Odin durch einen ähnlich klingenden, verzerrten Namen eines Heiligen ersetzt. So sprach man von St. Olle in Abwandlung des Namens vom heiligen Olav. Daraus läßt sich schließen, daß die Erzählung aus einer Zeit stammt, in der die Kirche verboten hatte, die alten, heidnischen Götternamen im Munde zu führen.

Der Volksmund kennt eine ganze Reihe von Opferplätzen auf Gotland: Tingstäde, Vallstena, Bro, Torsburg, Sandearveklint, Grötlingbo, Eskelhem, Atlingbo, Ala, Gunfjaun und Bara-Berg. Von der Kirche, die später in der Nähe des letztgenannten Berges errichtet wurde (Abb. 129), erzählt man sich, daß sie »ständig von Trollen, die ihre Behausung in dem nahe gelegenen Bara-Berg hatten, belästigt und schließlich zerstört wurde. Dieser war in der heidnischen Zeit ein großer Opferplatz gewesen. Die Sage erzählt, daß der Jünglings-König Yngve Frey gerade hier auf diesem hohen Bara-Berg Hochzeit mit der schönen Gerder Gymesdotter hielt. Am Fuß des Berges gab es eine berühmte Opferquelle, und oben auf dem Berg stand eine Esche, die als heilig verehrt wurde, weil es hieß, daß sie Sommer und Winter grün sei. Dieser Baum wurde die ›Bara-Esche‹ genannt und war weithin bekannt. Aber im Jahre 1454 ließ Ivar Axelsson Tott, Landsherr auf Gotland, den Baum innerhalb der Mauern von Schloß Wisborg einpflanzen, wo er schnell verdorrte. Auf dem Berg wurde später ein Kreuz aus Eichenholz errichtet« (Octavia Carlén).

In der germanischen Welt wurden unter den vielen Opferhandlungen auch ganz bestimmte Menschenopfer vollzogen. Für den heutigen Menschen ist das wohl die rätselhafteste Erscheinung, auf die er im Zusammenhang mit vorchristlichen Religionen stoßen kann, zumal das Verständnis für das Opfer überhaupt verlorengegangen ist. Daß uns heutzutage jegliche Form des Menschenopfers mit Entsetzen erfüllt, hängt nicht zuletzt mit der Empfindung dafür zusammen, daß der Mensch zum Ort einer Gotteseinwohnung geworden ist. Das war nicht immer so; in früheren Zeiten wurde das Göttliche nicht als *in* den Menschen eingezogen erlebt, sondern als etwas, das *außerhalb* seiner selbst waltete. Die Gottheit gab dem Menschen das sittliche Gesetz; er konnte es noch nicht in seinem eigenen Inneren finden. Auch der Tod wurde anders erlebt, da der Mensch noch nicht auf sich gestellt war. Den sterbenden Krieger erwartete die Walküre. Erst das Christentum ermöglichte dem Menschen, die Todesüberwindung in sich selbst zu finden. Das Menschen-Ich wurde zum Wohnplatz des Christus. Dadurch wurden Menschenopfer zum Gottesfrevel.

Gotland ist verhältnismäßig arm an Zeugnissen der vielbeschriebenen Fruchtbarkeitskulte. Man kann diese als Abirrung verstehen, da sie nicht mit dem ursprünglichen Impuls des germanischen Menschen zusammenstimmen, sich wagemutig in eine absterbende Welt hineinzubegeben, wie sie in der Edda geschildert wird. Durch seine Schauungen der Götterdämmerung wurde der Mensch mit den Todes- und Herbstmysterien konfrontiert, bevor sich die Wiederkunft des Lichtgottes Baldur erfüllen konnte.

»Die Sonne verlischt,
das Land sinkt ins Meer;
vom Himmel stürzen
die heitern Sterne.
Lohe umtost
den Lebensnährer;
hohe Hitze
steigt himmelan.

Gellend heult Garm
vor Gnipahellir:
Es reißt die Fessel,
es rennt der Wolf.
Vieles weiß ich,
Fernes schau ich:
der Rater Schicksal,
der Schlachtgötter Sturz.«

Edda, Voluspá, übertragen von Felix Genzmer

Wie schon am Anfang bei der Schilderung des langsamen Übergleitens vom Geistesbewußtsein in das Erdenbewußtsein erwähnt, gab es Stätten, an denen einzelne Menschen heranerzogen wurden, die sich die alten Bewußtseinsformen erhalten oder sie wiedergewinnen sollten. Diese Schulungen wurden »Mysterien« genannt, und die Menschen, die wieder zum alten Schauen der Geisteswelt geführt wurden, waren »die Wiedererweckten«, »Eingeweihte« oder »Seher«. Überall wußte man auch, daß es gerade die reinen, unschuldigen Seelenkräfte waren, die dieses Schauen ermöglichten.

Deshalb gab es auch zahlreiche Mysterienstätten, an denen sich die vom irdischen Bewußtsein und Egoismus unberührte Empfängnis ungeborener Seelen vollziehen konnte. Die Überlieferung sprach dann später von der sogenannten »Jungfrauengeburt«. Seelen, die auf diese Weise in das Erdenleben geleitet wurden, galten als besonders geeignet, die Verbindung zum Geistigen zu erhalten.

Laut Rudolf Steiner verbirgt sich dieses Geheimnis hinter dem Hertha-Kult, der in Nordeuropa weit verbreitet war. Die Konzeption solcher reinen Kinderseelen geschah, wenn die Göttin Hertha (oder ihre männliche Entsprechung Nerthus) zur Zeit des Frühlingsvollmondes auf ihrem Wagen bei den Menschen erschien. Das war eine Zeit der himmlischen Berührung, in der die Frauen, entrückt aller irdischen Sinneserfahrung, das heißt »jungfräulich«, ihre Kinder empfingen. Deswegen wurden die weitaus meisten Kinder in jener Zeit zur Winter-Sonnenwende geboren. Wer zu einem anderen Zeitpunkt ins Erdendasein eintrat, entstammte der menschlichen Willkür und war deswegen »minderwertig«.

Der römische Geschichtsschreiber Tacitus beschreibt in seiner Schilderung der germanischen Stämme die Außenseite dieser Vorgänge auf folgende Weise:

»Es ruht auf einer Insel im Nordmeer ein heiliger Hain; darin steht ein geweihter Wagen, mit einer Hülle bedeckt, und nur der Priester darf ihn berühren. Er merkt die Gegenwart der Göttin im Heiligtum und geleitet ehrfürchtig ihren mit Kühen bespannten Wagen. Dann sind die Tage froh und festlich die Stätten, wo die Göttin einzuziehen und gastlich zu weilen geruht. Niemand geht in den Krieg, niemand greift zu den Waffen; verschlossen ist jegliches Eisen; es ist die einzige Zeit, da sie Ruhe und Frieden kennen, die einzige, da sie ihn lieben. Bis der Priester dann wieder die Göttin, des Umgangs mit sterblichen Menschen ersättigt, in ihren heiligen Bezirk zurückbringt. Dann wird der Wagen, seine Umhüllung und – wenn man es glauben darf – die Göttin selbst in einem unzugänglichen See genetzt. Sklaven helfen beim Dienst, die alsbald der nämliche See verschlingt. Daher das geheime Grauen und das heilige Dunkel um etwas, was nur Todgeweihte erschauen.«

Es gibt überall in Nordeuropa, besonders aber auf den dänischen Inseln und in Jütland, solche Stätten, an denen die Göttin Hertha verehrt wurde und wo das Mysterium der unbefleckten Empfängnis gehütet wurde. Diese heiligen Bezirke lagen stets an einem Binnensee, so auch zum Beispiel im Norden der Insel Rügen.

Daß es auch auf Gotland ein Hertha-Mysterium gegeben hat, ist mit Sicherheit anzunehmen und wird durch den Bildstein von Uddvide bei Grötlingbo erhärtet (Abb. 24). Auf ihm sehen wir eine Frauengestalt auf einem Wagen stehend, von Dienern umgeben und von mehreren Tieren gezogen. Halten wir auf Gotland nach dem dazugehörigen Binnensee Ausschau, dann bietet sich eigentlich nur die kleine Seengruppe Bjärsträsk, Fridträsk, Rammträsk und Broträsk bei »Lojsta slott« an (Abb. 28 u. 29), die damals einen zusammenhängenden See mit einer Insel darin bildete. Sowohl am Ufer wie auch auf der ehemaligen Insel sind Funde aus der Vorzeit, darunter auch Hausfundamente, gemacht worden. Die Atmosphäre dieses Ortes ist einmalig. Diese Stätte atmet die Stimmung eines großen, reinen Geheimnisses und gehört in ihrer Verschwiegenheit seltsamerweise zu den ganz großen Erlebnissen auf Gotland.

Bevor die »Guta-Saga« sich der Christianisierung zuwendet, gibt sie Auskunft über die Verbindungen zum Svear-Reich, von denen man aber recht wenig weiß:

»Viele Könige stritten mit Gotland, als es noch heidnisch war. Doch hielten die Gotländer immer den Sieg und ihr Recht. Dann sandten die Gotländer viele Boten nach dem Svear-Reich. Aber keiner von diesen konnte Frieden machen außer Avair Strabain *(Strohbein)*. Er machte als erster Frieden mit dem König der Svear...«

Hier überspringen wir einen Abschnitt der Sage, der sich mit dem rechtlichen Vertrag zwischen Gotland und dem König der Svear befaßt.

Es wird ausdrücklich betont, daß die Gotländer sich freiwillig unter den Schutz des immer mächtiger werdenden Svear-Reiches stellten. Gotland selbst hat sich nie einen König gewählt, obwohl nichts nähergelegen hätte als dies. In seiner Gemeinschaftsgliederung war Gotland verwandt mit Island. (Auch sprachlich besteht hier eine auffallende Verwandtschaft.) Die Bauern, die gleichzeitig kundige Seefahrer und Kaufleute waren, ordneten die Angelegenheiten ihres Landes im Thing. Wohl gab es überragende, welterfahrene Männer unter den Gotländern, aber dennoch war jeder sein eigener Herr. So lagen auch die Höfe jeweils für sich, umgeben von Wald und Wildnis, die sich bis zum Nachbarn erstreckten. Dörfer gab es keine.

Auch eine andere Tatsache ist hochbedeutsam: Die geistige Führung Gotlands war niemals an einen Erbstrom gebunden. Dieses Fehlen der bluthaften Bindungen stellte den einzelnen Menschen auf sich selbst und machte ihn empfänglich für das Christentum, das ja z. B. nicht an eine bestimmte Rasse gebunden ist. Auf einen fruchtbareren Boden konnte der Same der neuen Religion nicht fallen.

»... Danach kam der heilige Olav, der König, fliehend von Norwegen mit seinem Schiff, und legte sich in den Hafen, der Åkergarn heißt. Dort lag der heilige Olav lange. Da fuhren Ormika von Hejnum und mehrere reiche Männer zu ihm mit ihren Gaben. Dieser Ormika gab ihm zwölf Widder, dazu andere Schätze. Da gab der heilige Olav, der König, ihm als Gegengabe zwei Trinkgefäße und eine Breitaxt. Da nahm Ormika das Christentum nach des heiligen Olav Kunde und baute sich ein Gebetshaus an derselben Stelle, wo nun Åkergarns Kirche steht. Von dort fuhr der heilige Olav zu Jarosláw in Holmgård« *(Nowgorod)*.

Die Flucht des heiligen Olav können wir auf 1029 datieren. In jener Zeit breitete sich das Christentum mächtig aus. Im Jahre 1000 hatte auch die isländische Bevölkerung auf ihrem Thing das Christentum angenommen; in ganz Nordeuropa setzte sich der neue Glaube durch, und im Osten ließ Wladímir der Große das russische Volk im Dnjepr taufen. König Olav hatte mit Gewalt den christlichen Glauben in Norwegen eingeführt

Abb. 26 Fluchtburg mit zwei halbkreisförmigen Ringmauern.
Grogarnshuvud bei Katthammarsvik.

Abb. 27 Torsburg bei Gammelgarn. Teilansicht der riesigen Umfassungsmauer auf dem Tafelberg. Vermutlich 8. Jahrhundert n. Chr.

Abb. 28 Binnensee bei Lojsta slott mit der ehemaligen Insel in der Mitte. Auf ihr und in der Umgebung sind Reste von Hausfundamenten aus der Völkerwanderungszeit gefunden worden.

Abb. 29 Binnensee bei Lojsta slott.

und mußte nun vor seinen revoltierenden Untertanen fliehen. Er folgte den bekannten Handelswegen, das heißt über die Nord- und Ostsee bis nach Rußland hinein. Auf dem Weg zu seinem Schwager Jarosláw kam er nach Gotland. Die Gotländer schenkten ihm und seinem Schiff, das vor der Küste vor Anker lag, lange Zeit keine Beachtung. Derjenige, der dann schließlich zu dem fremden König hinausfuhr und ihm Geschenke darbrachte, trug merkwürdigerweise den Namen der Schlange (schwedisch »orm« = Schlange). Es scheint aber auch zu blutigen Kämpfen zwischen Olavs Mannen und den Gotländern gekommen zu sein. So wird von der Schlacht bei Laikarhaid berichtet, bei der Olav »bös' wie eine finstere Wolke aussah«. Historisch ist dieser Kampf bisher jedoch nicht nachweisbar.

Natürlich hat sich um die Gestalt Olav des Heiligen ein weitläufiger und mächtiger Heiligenkult gebildet, der ihn als den Bringer des Christentums feiern will. Die »Guta-Saga« sagt aber ausdrücklich, daß es »das Christentum nach der Kunde des heiligen Olav« war, das heißt, es wurde durch die persönlich-zwingende Art des Missionierens weitergetragen, in die dann mit Notwendigkeit das römisch-päpstliche Christentum einzog. Doch Olav war weder der erste noch der einzige:

»Obwohl die Gotländer Heiden waren, segelten sie doch mit Kaufmannswaren in alle Lande, christliche und heidnische. Da sahen die Kaufleute christliche Sitten in christlichen Landen.* Da ließen manche sich dort taufen und führten nach Gotland Priester. Botair von Akebäck hieß derjenige, der als erster eine Kirche baute, an dieser Stätte, die nun Kulstäde heißt. Das wollte das Land nicht dulden, sondern brannte sie nieder; darum heißt sie noch Kulstäde *(Kohlenstätte)*. Da war nach dieser Zeit das Opfer in Wi *(Visby)*. Dort baute er die zweite Kirche. Das Land wollte diese Kirche auch verbrennen. Da stieg er selbst hinauf auf die Kirche und sagte: Wollt ihr sie verbrennen, dann sollt ihr mich mit dieser Kirche verbrennen. Er war selbst reich und eines sehr reichen Mannes Tochter hatte er zur Frau, der hieß Likair der Weise und wohnte an der Stelle, die Stenkyrka heißt. Dieser war der Geachtetste um diese Zeit. Er half dem Botair, seinem

* *Der germanische Ausdruck für »Sitte« umfaßte das, was wir heute als »Religion« bezeichnen.*

Schwiegersohn, und sagte so: Wagt nicht den Mann zu verbrennen oder diese seine Kirche, denn sie steht in Wi unter dem Klint. Damit durfte die Kirche unverbrannt bestehen. Sie war errichtet dort mit aller Heiligen Namen, an dieser Stelle, die nun Petrus-Kirche heißt. Sie war die erste Kirche in Gotland, die bestehen durfte. Dann, einige Zeit danach, ließ sein Schwiegervater, Likair der Weise, sich taufen und seine Frau und seine Kinder und all sein Gesinde, und er baute eine Kirche in seinem Hof. Der Ort heißt nun Stenkyrka. Sie war die erste Kirche oben im nördlichen Landdrittel. Nachdem die Gotländer christlicher Männer Sitten gesehen hatten, da gehorchten sie Gottes Gebot und gelehrter Männer Kunde. Sie nahmen da allgemein das Christentum mit ihrem eigenen Willen, ohne Zwang, so daß keiner sie zwang zum Christentum. Nachdem sie aber allgemein Christen geworden, bauten sie eine zweite Kirche auf dem Land, in Atlingbo; sie war die erste im mittleren Landdrittel. Dann wurde die dritte gebaut im Land, in Fardhem, im südlichen Landdrittel. Danach mehrten sich alle Kirchen in Gotland, denn Männer bauten sich Kirchen zu ihrem größeren Wohlgemach. Bevor aber Gotland einen ständigen Bischof nahm, kamen Bischöfe nach Gotland, die Pilger nach dem heiligen Land Jerusalem waren und von da heimfuhren. Um diese Zeit führte der Weg ostwärts durch Rußland und Griechenland nach Jerusalem. Die weihten zuerst Kirchen und Kirchhöfe, nach dem Wunsch derer, die Kirchen bauen ließen. Als aber die Gotländer sich bekehrt hatten zum Christentum, da sandten sie Botschaft zum höchsten Bischof in Leoncopung *(Linköping),* denn er war ihnen am nächsten, so daß mit bekräftigtem Recht er nach Gotland kommen sollte, um Hilfe zu leisten...«

Es ist eigentümlich, daß der Bericht über Botair von Akebäck so völlig beziehungslos neben der Erzählung über Olav den Heiligen steht. Es gibt keine Berührungspunkte, obwohl beide Male geschildert wird, auf welche Weise das Christentum in das Land gebracht wurde. Natürlich ist der Gedanke aufgetaucht, ob es sich bei der Erwähnung Olavs nicht um einen späteren Einschub handelt. Das braucht jedoch nicht so zu sein, denn offensichtlich geht es um ganz verschiedene Einflüsse und Strömungen innerhalb ein und desselben Christentums. Olav der Heilige vertrat dabei die päpstlich-römische Strömung, also eigentlich den Süden, obwohl er geographisch von Westen vordrang. Die damaligen Kirchenchroniken erwähnen ihn recht häufig. Um das Jahr 1000 verschwanden aus den gotländischen Bildsteinen die szenischen Darstellungen, und das geschlungene Runenband hielt seinen Einzug, zusammen mit dem christlichen Kreuz (Abb. 30). Oftmals berichten nun die Inschriften vom Tod eines Gotländers »im Osten« oder »in Griechenland«.

Die zahlreichen Wikinger-Handelsfahrer aus Gotland, die auf den russischen Flüssen südostwärts zogen, mußten notwendigerweise in Kiew, Byzanz usw. auf das östliche Christentum stoßen. Die Spuren solcher Begegnungen sind in den später gebauten Kirchen von St. Lars in Visby sowie in Källunge und Garde zu sehen (Abb. 115 u. 116).

Fig. 4: Metallwimpel aus der Wikinger Zeit. Bis in das 20. Jahrhundert Wetterfahne auf dem Kirchturm von Källunge. (Visby, Museum.)

Das Christentum, das von England her durch Olav nach Gotland vorstieß, war aber dort gar nicht das ursprüngliche gewesen. Bevor das römische Christentum nach England hinübergelangte, hatte dort das iro-schottische schon gewirkt – eine der rätselhaftesten und großartigsten Erscheinungen in der Kirchengeschichte. Von Irland aus hatte die umfassende Missionstätigkeit der iro-schottischen Mönche eingesetzt, die sich vom 6. bis 8. Jahrhundert über ganz Westeuropa wie auch über größere Teile Skandinaviens erstreckte. Daß auch Gotland Verbindungen zu Irland hatte, ist durch Funde irischer Arbeiten geschichtlich belegt. Das Kunsthandwerk erfuhr ebenso einen unverkennbaren irischen Einfluß (Abb. 3). Ganz besonders fallen jedoch die charakteristischen Ringkreuze auf, die mit den irischen Steinkreuzen verwandt sind und auf Gotland mächtig weiterentwickelt wurden (Abb. 31–33).

Aus dem 12. Jahrhundert hat sich eine umfangreiche Chronik von Adam von Bremen erhalten, in der die Skandinavienmission der hamburgisch-bremischen Erzbischöfe verherrlicht wird. Dieses aufschlußreiche Werk trägt aber auch unfreiwillig dazu bei, Kenntnisse über die Verbreitungsart des Christentums im Norden zu vermitteln. Zunächst räumt Adam von Bremen ein, daß die hamburgisch-bremischen Missionare in Skandinavien bereits Bischöfe vorfanden, die anderswo geweiht worden waren: »Übrigens behielt er anderweitig Geweihte, wenn sie sich ihm unterwarfen, gnädig bei sich und entließ sie beim Fortgehen freundlich, so auch Meinhard, Osmund, Bernhard, Asgot und viele andere« (Hamburgische Kirchengeschichte, III, 77). Des weiteren enthüllt Adam einen charakteristischen Unterschied zwischen seinen – das heißt den hamburgischen – Bischöfen und den anderen. Die nach Rom ausgerichteten Norddeutschen gründeten einen Bischofssitz, sobald sie irgendwo Fuß gefaßt hatten. Die anderen sind aber als »episcopi circumeuntes«, die »umherwandernden Bischöfe«, bezeichnet. Auch begannen die Hamburger mit ihrer Missionstätigkeit stets beim König oder Fürsten, um auf diesem Weg das Volk oder den Stamm für den neuen Glauben zu gewinnen. Wie wir in der »Guta-Saga« erfahren, ließen die anderen Missionare jedoch einzelne Menschen zum Christentum Zugang finden. Gotland hatte ja auch weder König noch Adel. Zum dritten finden wir in dem ausführlichen Werk des Adam von Bremen, der in einem weiteren Buch die Geographie der Ostsee und ihrer Völkerschaften beschreibt, die höchst merkwürdige Tatsache, daß Gotland völlig fehlt! (Bereits im kartographischen

Werk des Ptolemäus ist der Name der Insel aber schon aufgeführt). Dies könnte so gedeutet werden, daß Gotland – aus der Sicht der Hamburger Missionstätigkeit gesehen – an eine andere Strömung des Christentums verloren war.

Es ist mit aller Wahrscheinlichkeit anzunehmen, daß Botair von Akebäck das Christentum von der iro-schottischen Seite her empfangen hat. Der Zusatzname seines Schwiegervaters, Likair der *Weise,* der auch der »Angesehenste« zu ihrer Zeit war, läßt darauf schließen, daß wir es bei ihm mit einer Art von Priesterpersönlichkeit zu tun haben. Er erinnert uns stark an den Njal in der isländischen Saga.

Die Familiengemeinschaft auf einem oftmals einsam gelegenen Hof war besonders auf Gotland eine autonome Rechts- und Kultgemeinschaft. Bestimmte Höfe hatten bis lange in die neuere Zeit hinein ihre eigene Rechtsprechung. »Als Kuriosität mag erwähnt werden, daß auf der Insel Runö vor der estländischen Küste noch bis zum Jahre 1930 nach gotländischem Gewohnheitsrecht Recht gesprochen wurde« (Dagmar Edqvist).

Unter der Leitung des Familienoberhauptes wurden die zahlreichen Opferhandlungen und halbkultischen Bräuche vollzogen, welche die Gemeinschaft dieser Menschen mit Hilfe der ringsumher wirkenden Elementarwesen ordnen und kräftigen sollten. Aber auch das Verhältnis zu den Geistwesen, die das Schicksal eines Menschen umwachen, sei es im Kampf oder auf langen Reisen, wurde sorgsam gepflegt. Die Angaben über solche Handlungen sind knapp; sie waren Eigentum des Hofes und wurden einem Außenstehenden vorenthalten. Olav Haraldssons Hofdichter Sigvat berichtet aus eigenem Erleben von dem großen Ernst, mit dem diese Opferhandlungen umgeben wurden.

Wir sehen deutlich in der Schilderung der »Guta-Saga«, daß es dieses Recht auf Autonomie der Höfe und Familienkultgemeinschaften ist, das dem Christentum Einlaß verschaffte. Denn diese kleinen selbständigen Menschengruppen durften sich nach eigenem Ermessen in eine Art von urchristlichen Gemeinden umwandeln. Daß die römische Strömung mit ihrem absoluten Gehorsams- und Abhängigkeitsprinzip auf Gotland nicht zum Zuge kam, ist daher verständlich. So steht es auch in der »Guta-Saga« dreimal feierlich: »Sie nahmen da allgemein das Christentum *mit ihrem eigenen Willen, ohne Zwang,* so daß *keiner sie zwang* zum Christentum.«

»Dieselben Bedingungen sind auch in einer Urkunde verzeichnet, die der Erzbischof von Lund zusammen mit dem Linköpinger Bischof nach 1220 bestätigte und die 1226 von einem päpstlichen Legaten ›gutgeheißen‹ wurde. In der Urkunde heißt es, daß ›zu der Zeit, da dieses Land zuerst freiwillig den Glauben annahm, es sich der Kirche von Linköping unterstellte, ohne daß jemand es zwang‹« (Sune Lindqvist).

Selbstverständlich wurde die Art, das Christentum anzunehmen, auch zur Art, mit dem Christentum zu leben. Die sorgsame Begrenzung der Rechte, die dem Bischof von Linköping zugestanden wurden, zeigt den unbedingten Willen der Gotländer, trotzdem selbständig zu bleiben: »... um Hilfe zu leisten unter der Bedingung, daß der Bischof kommen wollte von Linköping jedes dritte Jahr nach Gotland mit zwölf seiner Männer, die ihm durch das ganze Land folgen sollten auf den Pferden der Bauern, so viele und nicht mehr. So soll der Bischof nach Gotland fahren, um Kirchen zu weihen und seine Gegengaben zu nehmen; drei Mahlzeiten und nicht mehr bei jeder Kirchweihe, dazu drei Mark; bei einer Altarweihe eine Mahlzeit mit zwölf Öre, wenn nur ein Altar geweiht werden soll; wenn aber beide ungeweiht sind, Altar und Kirche zusammen, so sollen beide geweiht werden für drei Mahlzeiten und drei Markstücke. Von jedem anderen Priester soll der Bischof eine Gegengabe nehmen, wenn er ankommt, drei Mahlzeiten und nicht mehr. Von jedem anderen Priester, der letztes Jahr keine Gegengabe machte, soll der Bischof Lösegeld nehmen, wie es für die Kirchen bestimmt ist. Die, welche diesmal keine Gegengabe gaben, die sollen die Gegengabe machen, wenn der Bischof wiederkommt in drei Jahren. Aber diejenigen sollen Lösegeld geben, die voriges Mal die Gegengabe machten. Wenn Zwiste entstehen, die der Bischof schlichten soll, da soll das im selben Landdrittel geschehen, denn diese Männer wissen am besten von der Wahrheit, die dort am nächsten wohnen. Wird der Zwist dort nicht beigelegt, so soll er vorgebracht werden bei der Versammlung aller Männer und nicht von einem Landdrittel in das andere verschoben werden. Entstehen Streitigkeit oder Zwiste, die der Bischof hören und richten soll, da soll man hier die Ankunft des Bischofs abwarten und nicht hinüberfahren, wenn nicht die Not dazu zwingt und es eine so große Sünde ist, daß der Priester nicht losspricht. Dann soll man hinüberfahren zwischen der Walpurgismesse und der Allerheiligenmesse, aber nicht danach in der Winterzeit bis zur Walpurgismesse. Bußgeld an den Bischof ist in Gotland nicht höher als drei Mark.«

Hier verlassen wir die »Guta-Saga«, die jetzt auf eine Schilderung der Rechtsverhältnisse zwischen Gotland und dem König der Svear eingeht.

Noch an einer anderen Tatsache können wir den ungemein starken Eigenständigkeits- und Freiheitsdrang der Gotländer ablesen. Entlang den Handelswegen nach Südrußland entstanden eine ganze Reihe von kleinen Kolonien der Wikinger. Sie dienten

Fig. 5: Rekonstruktion einer frühen Stabkirche.

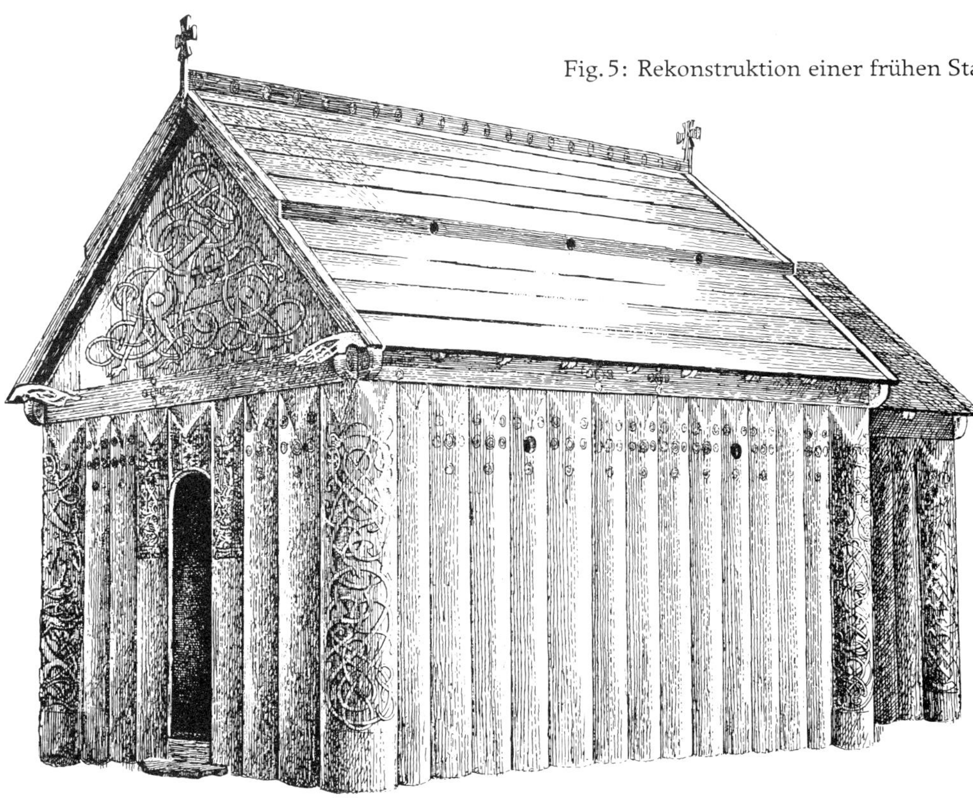

dem Schutz und der Versorgung der Kaufleute. Diese Kleinstaaten waren die einzigen geordneten und wirtschaftlich ineinander greifenden Gebilde in dem weiten Land, so daß die Wikinger letztlich gebeten wurden, den Aufbau des südrussischen Reiches vorzunehmen. Die Gotländer hingegen hatten nie Interesse an einer solchen Koloniebildung besessen, sie reisten und handelten allein. In der Nähe von Smolensk liegt ein Wikinger-Gräberfeld aus dieser Zeit mit ungefähr 3000 Gräbern, darunter auch vielen Frauengräbern. Die Grabstätten der im Osten gestorbenen Gotländer liegen jedoch vereinzelt wie die Höfe in der Heimat.

Die kleinen Kultgemeinschaften, die zum Christentum übergegangen waren, bauten sich die ersten Kirchen. Es waren Stabkirchen, aus Holz gebaut.

Man muß sich diese ganz schlicht vorstellen und so klein, daß eben gerade zwei, drei Dutzend Menschen darin stehen konnten. In der Ostwand befand sich möglicherweise eine kleine Chornische. Es wird auf Gotland etwa hundert dieser einfachsten Holzkirchlein gegeben haben. Jedoch wurde nicht Tag für Tag die Messe darin gelesen, nicht einmal jeden Sonntag, sondern man bat die »herumreisenden Priester«, dann und wann zu kommen, um das Christusopfer zu vollziehen. In der Zwischenzeit fanden sicherlich eine ganze Reihe der früheren Kulthandlungen in diesen kleinen Gotteshäusern statt, standen sie doch an den alten Opferstätten.

Innerhalb der nun zu bauenden Kirchen erhielt *ein Stein* eine hervorragende Bedeutung; ihm wurde – als Pendant zum Altar – der Platz im Westen angewiesen, und die reichhaltigste künstlerische Ausgestaltung wurde ihm zuteil – es war der *Taufstein*.

Damals hatte der Taufakt ein großes Gewicht, da ja hierbei der Übergang vom Heidentum zu der neuen Religion ganz bewußt erlebt wurde. Die Taufe war noch nichts Traditionelles, sie wurde mit tiefem Ernst vollzogen. Nur so läßt sich der bewunderungswürdige Formwille verstehen, aus dem heraus die gotländischen Taufsteine gestaltet wurden.

Abb. 30 Stein mit Runenband und Kreuz. 11. Jahrhundert. Fundort Sjonhem. (Visby, Museum.)

Abb. 31 Das Waldemarskreuz über dem Massengrab der gefallenen Gotländer, 1361. Visby.

Abb. 32 Ringkreuz mit der Runeninschrift: »Betet für Jakobs Seele, den Niklas erschlug.« Auf der Rückseite des Steines eine bildliche Darstellung. Vor 1250. Bondarve bei Guldrupe.

Abb. 33 Gedenkkreuz. 15. Jahrhundert. Fundort Rute. (Visby, Museum.)

»Und der Geist Gottes schwebte über dem Gewässer«

In Anbetracht der so bewußten Christianisierung, wie sie in Gotland vollzogen wurde, sind die dortigen Taufsteine eine ganz besondere Kostbarkeit. Die ältesten Steine scheinen plötzlich wie aus dem »Nichts« geschaffen zu sein. Keine »Entwicklung« hat zu ihnen hingeführt, sie sind eine unmittelbare Neuschöpfung aus dem Geistigen. »Das 12. Jahrhundert ist für diesen Kunstzweig, wie für so viele andere, die große, neue Arten schöpfende Zeit, entsprechend dem, was die Botaniker die explosive Periode einer Pflanze nennen, wo die neuen Spezies plötzlich entstehen, welche nachher änderungslos fortleben oder sich höchstens in Varietäten verzweigen« (Roosval). Nach einer von Roosval auf dem Taufstein von Etelhem gefundenen Inschrift, die »Hegwaldr« lautet, nimmt man an, daß der vermutlich früheste Steinmeister diesen Namen trug. »Hegwaldrs Kunst ist reich, ungebunden, gewaltsam. Er brennt vor Begierde nach figuralem Ausdruck und bedeckt jeden Zoll seiner Taufkessel mit Menschendarstellungen, Tieren oder mit in animalischer Beweglichkeit lebenden Ornamenten. Bevor ich die Signatur der Etelheimer Taufe entdeckte (der Taufstein stand früher festzementiert auf dem Boden, die signierte Seite dicht an der Kirchenmauer), wurde die Gruppe unter dem Namen ›Der wilde Stil‹ zusammengefaßt, und mit Recht! Der Sandstein beugt sich und kocht unter dem vulkanischen Inhalt von Symbolen und Legenden; Zirkel, Senklot und Ellenmaß scheinen dem leidenschaftlichen Meister nicht zu Gebote gewesen zu sein. Aus dem Fuße der Taufsteine schielen die kuppeligen Glotzaugen von vier Ungeheuerköpfen, die Kiefer über unglücklichen vierfüßigen Tieren geöffnet, deren im Todeskampf gleichsam erlahmte Beine niederhängen. Es sind die scharfen Raubtierzähne diabolischer Mächte, die sogar in der unmittelbaren Nähe des Taufwassers nach den kleinen Menschenseelen schnappen. Aber die Flüssigkeit darüber in der weiten, großen Schale errettet von den teuflischen Gewalten, und alle auf den Seiten der Schale eingeprägten und eingeflochtenen Bilder sind wie eine äußere Andeutung der heiligen Kraft des Taufwassers. Die Figurenszenen sind in Arkaden eingefaßt, welche jedoch nur selten den Eindruck von ruhigen, architektonischen Formen machen: Die Säulen sehen oft aus wie Riemen oder Taustücke, die Bögen werden aus Flecht- oder Knotenwerk gebildet, unregelmäßig, lebhaft und beweglich wie alles an diesem merkwürdig barocken Meister des Mittelalters« (Roosval).

Durch die Einführung der Kindertaufe ist der Vorgang ganz dicht an den Lebenspol im menschlichen Dasein gerückt. Kinder sind Wesen, die im Überfluß ihrer noch unverbrauchten Lebenskräfte nur so herumtollen. So sind bei Hegwaldrs Taufsteinen nicht nur die Figuren überquellend lebensfrisch, auch die Motive der Darstellungen kreisen immer wieder um die Entstehung des Lebens: die Geburtsgeschichte des Christuskindes oder die Erschaffung von Adam und Eva (Abb. 35 u. 40).

Hegwaldr-Taufsteine finden wir auf Gotland in Etelheim, Ganthem, Vänge, Stånga, Halla, Viklau, När, Endre und Sjonhem (Abb. 34–47). Auch das Portal am Chor der Kirche zu Fardhem mit der Himmelfahrt des Alexander muß aus der Werkstatt Hegwaldrs stammen (Abb. 153). Wenn ein Kind heranwächst, kommen die Tage, wo sein ursprüngliches Lebenselement wie in unterirdische Schächte hinein verschwindet. Die kindlich-künstlerische Genialität hört auf, vielleicht sogar die Schaffenslust. Dieser Augenblick muß kommen, wenn der Mensch zum Erwachsensein heranreifen soll. Auch künstlerische Prozesse und Entwicklungen sind solchen Lebensgesetzen unterworfen. Da gibt es die überschäumende »Sturm- und Drang-Periode«, häufig gefolgt von einer großen Lebensernüchterung, die dann ihrerseits in eine Zeit des stillen, goldenen Reifens sich wandeln kann. Dies mag für den einzelnen Künstler gelten wie für eine ganze künstlerische Epoche. Es darf uns deshalb nicht verwundern, wenn schon die nächste Steinmetzgeneration nicht mehr bis zu dem lebendigen Künstlertum Hegwaldrs hinaufreicht. Der spätere Weg hinab in die Einseitigkeit und Maniriertheit der Nachfolger sieht wie eine Tragödie aus. Was will hier aber heranreifen und neu werden?

Unter dem Namen »Byzantios«-Steine hat Roosval eine Gruppe zusammengefaßt, die alle von der Hand – oder jedenfalls aus der Werkstatt – ein und desselben Meisters stammen, dessen Namen man nicht kennt. »Byzantios« hat ein ganz anderes Temperament, seine Formen sind klar, fast linear aufgebaut, hier gibt es »Geometrie«. Der Hintergrund, auf dem die Figuren stehen, wirkt leer und glatt und verleiht den Gestalten eine gewisse kühle Würde. Stilistisch ist der östliche Einfluß unverkennbar. Roosval spricht sogar von einer gewissen Einförmigkeit seines Stils, die gegenüber Hegwaldr eine Degeneration sei. »Der Anonymname ›Byzantios‹ ist auf Grund des starken byzantinischen Einschlags im Figurenstil und der Ikonographie gewählt« (Roosval). Seine Werke haben ein Element von Werkstattstradition und Schule in sich, wie es uns von der östlichen Ikonenkunst her bekannt ist: lange, schmale Gestalten, das Zurücktreten der Fläche oder Plastik zugunsten einer edlen Linienführung, das Fehlen der Perspektive, das selbstlose Wiederholen derselben Motive. Aber auch ein tiefes Weisheitselement fließt in sein Schaffen ein: Auf dem Stein von Eskelhem sind auf zwei nebeneinanderliegenden Bildfeldern *zwei* Verkündigungen dargestellt, wobei die Gestalt auf dem linken Feld als Joseph angesehen werden kann (Abb. 51). Das ist um so mehr möglich, als ein Schüler des »Byzantios«, der sogenannte »Semi-Byzantios«, auf seinem Taufstein in Tofta die beiden Verkündigungen in viel drastischerer Art gestaltet hat, unter anderem mit dem träumenden Joseph (Matth. 1, 20), der also nicht mit der Verkündigung an Zacharias verwechselt werden kann. Das Doppelgeheimnis der Kindheit Jesu, wie es sich in der Verschiedenheit des Matthäus- und des Lukas-Evangeliums äußert, klingt hier mit herein (Abb. 53–55). Wir wollen auf dieses für manchen Leser vielleicht zunächst etwas fremd anmutende Motiv zurückkommen, da es auch an den gotländischen Kirchenportalen in Erscheinung tritt. Es überrascht auch nicht sehr, auf zwei Taufsteinen von »Byzantios« die Darstellung der Kreuzigung zu finden: Christus hat sich bereits von dem Tor der Geburt aus auf den Weg zur Todesschwelle begeben.

Taufsteine des »Byzantios« finden wir in Atlingbo, Eskelhem, Garde, Guldrupe, Hejde, Hogrän, Sanda, Träkumla, Vamlingo und Väte. Der Stein aus Öja steht im Museum zu Visby. Darüber hinaus gibt es stark beschädigte Taufbecken in Fröjel und Källunge (Abb. 48–52).

Der schon erwähnte »Semi-Byzantios« gestaltete seine Steine zwar wie sein Lehrer, seine Figuren sind aber kräftiger und irdischer, ganz deutlich »eine Reaktion in seinem Geiste gegen die Linientrockenheit des ›Byzantios‹« (Roosval) (Abb. 53–55). Drei Taufsteine gibt es von seiner Hand auf Gotland: in Alskog, Hamra und Tofta.

»Die Kirche in Barlingbo besitzt ein großartiges Unikum unter den gotländischen ikonischen Taufsteinen, zugleich eines der besten Kunstwerke unseres Mittelalters. Schon in der ersten technischen Maßregel zur Bearbeitung, in der Wahl des Blockes, ist

Abb. 34 Hegwaldr. Taufstein in Vänge. 12. Jahrhundert. ▷

dieses Stück einzigartig« (Roosval). In der Tat ist dieser Taufstein mehr ein Block als ein Gefäß (Abb. 56–64). Dieser Eindruck entsteht dadurch, daß fünf Figuren aus den üblichen Bildfeldern getreten sind und sie nach oben weit überragen, noch mehr aber nach unten, wo sie von drei Tierköpfen und einem menschenähnlichen Kopf getragen werden. Während die Gestalten auf den Bildfeldern im Flachrelief ausgeführt sind und dadurch mehr in die Rundung der Schale zurücktreten, sind die Eckfiguren plastisch ausgeformt. Ihre Komposition wirkt kühn: Gabriels Gebärde (Abb. 59) weist auf den nächsten Eckpfeiler, auf Maria (Abb. 57). Wohl einmalig ist auch an einem Taufstein das Motiv von Joachim und Anna, den Eltern Marias (Abb. 62).

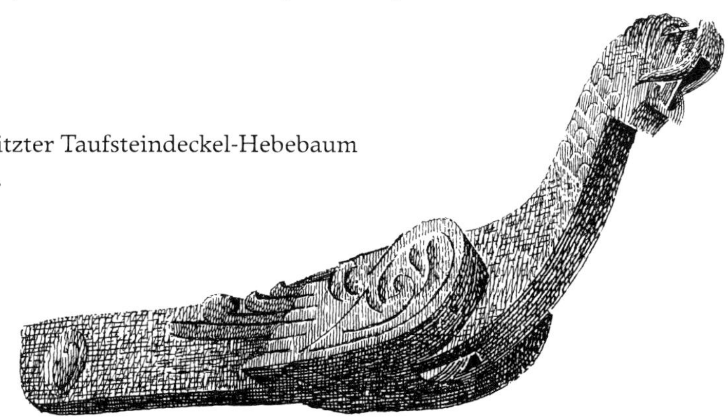

Fig. 6: Geschnitzter Taufsteindeckel-Hebebaum von Tingstäde.

Die Mittelfelder des Taufsteins von Barlingbo scheinen eine unumstößliche Auskunft über die Herkunft seines Stils zu geben. Die Figuren der Evangelistensymbole gehen stets in Bandornamente, Schlingen und Blattformen über, wie wir es von den norwegischen Stabkirchen oder den irischen Buchmalereien kennen. Wir haben es hier mit einem Kunstwerk aus einer »angelsächsisch-gotländischen Schule« zu tun, die auch um den Mälar-See herum in Schweden wirksam gewesen ist.

Die ungewöhnliche Gestaltung der vier Eckfiguren, die pfeilerartig die Taufschale tragen, gleichzeitig aber auch ein Teil von ihr sind, kann man entwicklungsmäßig bis in

Abb. 35 Detail von Abb. 34. »Laßt uns den Menschen erschaffen.«

Abb. 36 Detail von Abb. 34. Erschaffung Evas.

Abb. 37 Detail von Abb. 34.
Sündenfall.

Abb. 38 Detail von Abb. 34.
Adam und Eva nach der Austreibung aus dem Paradies.

Abb. 39 Detail von Abb. 34.
Christus der Weltenrichter.

Abb. 40 Detail von Abb. 34.
Geburt Christi.

Abb. 41 Detail von Abb. 34. Das Hahnenwunder aus der Staffanslegende.

Abb. 42 Detail von Abb. 34. Blendung eines Märtyrers; ein Gastmahl.

Abb. 43 Detail von Abb. 34. Zwischen Ungeheuern.

Abb. 44 Hegwaldr. Taufstein in Halla. Geburt Christi.

Abb. 45 Hegwaldr. Taufstein in Viklau. Auferweckung des Lazarus.

Abb. 46 Taufstein in Stenkyrka. Fußwaschung und Kreuzigung. Zweite Hälfte des 12. Jahrhunderts.

Abb. 47 Hegwaldr. Entleerungsgefäß für geweihtes Wasser. (Visby, Museum.)

Abb. 48 »Byzantios.« Taufstein in Hogrän. Als Fuß dient ein umgekehrtes Kapitell. 12. Jahrhundert.

Abb. 49 »Byzantios.« Taufstein zu Atlingbo.
Betender Engel vor einem Altar mit Kelch.

Abb. 50 »Byzantios.«
Taufstein zu Sanda.

Abb. 51 »Byzantios.«
Taufstein zu Eskelhem.
Die zwei Verkündigungen.

Abb. 52 Gesamtansicht des Taufsteins zu Eskelhem (Abb. 51).

◁ Abb. 53 »Semi-Byzantios.« Taufstein zu Tofta. Ende des 12. Jahrhunderts.

Abb. 54 Detail von Abb. 53. Verkündigung an Joseph.

Abb. 55 Detail von Abb. 53. Verkündigung an Maria.

Abb. 56 Taufstein zu Barlingbo mit angelsächsisch-irischem Stileinfluß. Zweite Hälfte des 12. Jahrhunderts.

Abb. 57 Detail von Abb. 56. Maria.

Abb. 58 Detail von Abb. 56. Kreuzigung.

Abb. 59 Detail von Abb. 56. Erzengel Gabriel.

Abb. 60 Detail von Abb. 56. Symbol des Evangelisten Matthäus.

Abb. 61 Detail von Abb. 56. Symbol des Evangelisten Lukas.

Abb. 62 Detail von Abb. 56. Joachim und Anna.

Abb. 63 Detail von Abb. 56. Symbol des Evangelisten Markus.

Abb. 64 Detail von Abb. 56. Symbol des Evangelisten Johannes.

◁ Abb. 65 »Majestatis.« Taufstein in Gerum. Verkündigung. Zweite Hälfte des 12. Jahrhunderts.

Abb. 66 Detail von Abb. 65. Verkündigung Mariä.

Abb. 67 Detail von Abb. 65. Maria und Elisabeth, Joseph.

Abb. 68 Detail von Abb. 65. Geburt Christi.

Abb. 69 Detail von Abb. 65. Die Hirten auf dem Felde.

Abb. 70 Detail von Abb. 65. Die Heiligen Drei Könige.

Abb. 71 Detail von Abb. 65. Maria mit dem Kind.

Abb. 72 »Majestatis.« Taufstein in Lokrume.

Abb. 73 Sighrafr. Taufstein in Grötlingbo. Die Heiligen Drei Könige. Zweite Hälfte des 12. Jahrhunderts.

Abb. 74 Detail von Abb. 73. Verkündigung, Maria und Elisabeth.

Abb. 75 Detail von Abb. 73. Geburt Christi.

Abb. 76 Detail von Abb. 73. Flucht nach Ägypten.

Abb. 77 Detail von Abb. 73.
Rituelle Waschung des Jesus-Knaben. ▷

Abb. 78 Taufstein in Rute, bilderlos. Um 1250.

Abb. 79 Taufstein in Roma, bilderlos. Um 1250.

Abb. 80 Taufstein in Lummelunda, kelchförmig. Um 1250.

die Normandie zurückverfolgen. Auch bei dem Taufbecken in der Kathedrale von Chartres kommt diese Anordnung vor, wenn auch in viel bescheidenerem Maße. Der Einfluß von Chartres ist übrigens im ganzen nördlichen Europa spürbar: Marienbilder wie die Viklauer Madonna (Abb. 96), die eine freie Nachbildung der berühmten »virgo paritura« von Chartres ist, finden sich von Island bis nach Finnland.

Einem anderen Meister, dessen Namen wir ebenfalls nicht kennen, hat Roosval die Bezeichnung »Majestatis« (Abkürzung von Magister Majestatis Domini, das heißt »Meister der Majestät Gottes«) gegeben. Auf seinen Taufsteinen tritt regelmäßig das Motiv des Christus als Weltenrichter auf. Ruhige, selbstverständliche Würde und Gelassenheit strahlen von den Figuren aus. »Majestatis« steht in seinem künstlerischen Ausdruck zwischen Hegwaldr und »Byzantios«. Der etwas abgenutzte Stein von Lokrume (Abb. 72) will uns viel lebendiger erscheinen als der viel besser erhaltene von Gerum (Abb. 65–71). Das mag damit zusammenhängen, daß die Taufsteine ursprünglich mit den leuchtendsten Farben bemalt gewesen sind – wie übrigens die griechischen Tempel auch. Der jetzige Eindruck trügt also; ergänzt man aber in der Vorstellung Gestalten und Felder mit den entsprechenden Farben, so belebt sich auch die etwas nüchterne Bildwelt des »Majestatis«.

Neben den Steinen von Gerum und Lokrume werden auch die in den Kirchen von Ekeby, Vall und Väskinde dem »Majestatis« zugeschrieben. Das Nordportal von Hablingbo stammt ebenso von ihm (Abb. 150). Infolge umfangreicher Ausfuhr können wir Arbeiten aus seiner Werkstatt rings um die Ostsee begegnen.

Bei dem Meister Sighrafr treffen wir auf einen extremen und ausgeprägt fremdartigen Stil: »Sein Stil erinnert auf eine kuriose Weise an uralte orientalische Schulen. Die Schraffur der Kleider, der ruhige, rechtwinklige Verlauf in der Ebene, das feierliche Schreiten der Menschen: Man denkt an Assyrisches oder Ägyptisches; die Sitzfiguren sind – freilich unbeholfene – Miniaturnachbildungen von bekleideten ägyptischen Statuen des alten Reiches; die ununterbrochene Figurenreihe der Cuppa sieht wie ein assyrisches Prozessionsrelief aus. Und merkwürdig genug nimmt sich die Cuppa mit ihren Figurenreihen als Ganzes wie eine Wiederholung etruskischer schwarzer Terrakottaschalen aus. Hier liegt aber kaum eine heimliche direkte Verbindung zwischen dem antiken Orient oder Etrurien und Gotland vor. Nichtsdestoweniger haben diese Ähnlichkeiten mit der Figurenkunst der antiken Welt etwas zu bedeuten« (Roosval). Sighrafrs Taufsteine sehen wir in Bro, Eke, Grötlingbo (Abb. 73–77), Lau und Silte; Grabsteine von seiner Hand in Dalhem, Lye und Tofta.

Der Steinmeister »Calcarius« verlor während seines Schaffens völlig das Interesse an religiösen Motiven auf seinen Taufsteinen und gestaltete zuletzt nur noch Rankenornamente. Auf Gotland gibt es nur einen Taufstein von ihm, in Fole.

Dann stehen wir plötzlich vor den ersten bilderlosen Taufsteinen! Die Arkadenbögen, die früher die Bilder umrahmten, sind noch da, die Bildfelder aber sind leer. Eine Quelle ist versiegt, die Inspirationen bleiben aus. Doch die kühlen, klaren Umrißlinien sind von einer unsagbaren Schönheit. Sie sind »keine Billigware für kleine Kirchengemeinden, nein, Dome in- und außerhalb Schwedens haben diese neue Sorte bestellt, die offenbar den reinsten Ausdruck für das Kunstwollen einer neuen Zeit bildet« (Roosval). Es ist nur folgerichtig, daß dann auch noch die Umrahmungen entfielen. Der Taufstein zeigt sich in seiner Urform: Er ist der *Kelch.* Ganz deutlich ist der Zusammenhang der Taufe mit dem Kelchmotiv auch auf dem merkwürdigen Taufbecken des Sighrafr in Grötlingbo dargestellt. Dort empfängt das Christus-Kind nach der Geburt die rituelle Waschung in einem Kelch (Abb. 77). Diese Waschung mündete dann als Heilshandlung in die Kindertaufe ein.

Die ersten Taufsteine in reiner Kelchform entstanden in der Mitte des 13. Jahrhunderts (Abb. 78–80).

Die alte Art des Schauens und Bildgestaltens war offenbar unwiderruflich am Ende angelangt. Unwillkürlich erhebt sich da die Frage: Ist das Abdämmern der Bildwelt der tragische Abschluß einer Entwicklung oder will in ihm etwas Neues entstehen?

»Dasselbe ikonoklastische (das heißt bildzerstörende) Phänomen ist in der Architektur beobachtet worden, wo es in der ersten Hälfte des 13. Jahrhunderts auftritt und... um 1260 kulminiert, *um etwa im Jahr 1300 wiederum dem blühenden Bilderreichtum der Portalkapitelle zu weichen«* (Roosval).

Der Taufstein steht im Dämmerdunkel des Kircheninnern. Genau so ins Dunkel gehüllt sind noch die kommenden Schicksale der Kinderseelen, die hier die Taufe empfangen. Das Leben selbst wird einst das Verborgene an den Tag bringen.

So wird die erloschene Bilderwelt der Taufsteine – an den Portalen wiedererscheinend – im hellen Sonnenlicht des Erdentages offenbaren, welcher Gottesgeist es war, der über dem Wasser der Taufbecken schwebte.

Aus den Portalen wird sich die Antwort ergeben.

Christus und die Sonne

Wenn man die große Aufnahmebereitschaft für das Christentum in Gotland bedenkt, aus der künstlerischen Gestaltung der Taufbecken die wahrhaftige Hingabe herausliest, stellt sich die Frage, welche geistigen Voraussetzungen zu einer solchen Hinwendung notwendig waren.

Vor den Toren Visbys liegt Skandinaviens größte Trojeburg, das heißt ein aus Steinen gesetztes Labyrinth (Abb. 81).

Es ist schwer festzustellen, aus welcher Zeit diese Steinsetzung stammt, erstreckt sich doch der Zeitraum für diese Steinsetzungen über mehrere Jahrtausende. Die Überlieferung weiß wenig über den Sinn dieser Anlage zu berichten. Wird aber Kindern die Steinsetzung gezeigt, so haben sie eine unmittelbare Freude daran, den Bögen nachzulaufen und schließlich den Stein in der Mitte zu entdecken; ebenso gilt es, den Weg wieder herauszufinden. Die Bewegung wird zum Abbild einer Ein- und einer Entwicklung. Folgen wir dem Lauf der Gänge, so kommen wir in einen wunderbaren, harmonisch schwingenden Rhythmus hinein, in dem Innen und Außen, Links und Rechts in kreisenden Bögen zusammengeschlungen werden. Zwölf Bögen führen zum Ziel; fast unmerklich entsteht die Herzform, in die auch das Kreuz einbezogen ist. Dies ist aber das vorchristliche kosmische Kreuz.

Die Legende von der Entstehung des Labyrinthes spricht deutlich aus, daß ihm ein Sonnengeheimnis zugrunde liegt: Eine Jungfrau war von Räubern gefangen und in der nahegelegenen Höhle festgehalten worden. Das Mädchen hatte sich dann durch das Bauen des Labyrinthes von den Räubern freigekauft, wozu es 365 Tage benötigte, also einen Sonnenumlauf.

Was versinnbildlicht sich in diesem Labyrinth? Es ist der sich windende Drache, dem eine höhere Geistesmacht ihren Weltenwillen aufgeprägt, den sie unter ihre »Füße« gebracht hat. Die Gestalt der Jungfrau bedeutet die Menschenseele, die sich die Freiheit zurückzugewinnen lernt, indem sie *Sonnenbahn* und *Erdenkreuz* in die sich schlängelnden Lebenspfade einprägt.

Sicherlich sind im Zusammenhang mit dieser Steinsetzung bildhafte, kultusartige Handlungen vollzogen worden. W. Pastor hat den eigentümlichen Namen »Trojeburg«

◁ Abb. 81 Labyrinth nördlich von Visby.

Abb. 82 Stein mit Sonnenzeichen. Frühmittelalterlich. Fundort Rute. (Rute, Kirche.)

Abb. 83 Sanda. Kircheninneres mit Ringkreuz. Mitte des 13. Jahrhunderts. ▷

Abb. 84 Rone. Kircheninneres mit Ringkreuz. Mitte des 13. Jahrhunderts.

Abb. 85 Rute. Ringkreuz. Vermutlich aus dem 13. Jahrhundert.

Abb. 86 Fröjel.
Ringkreuz um 1300.

Abb. 87 Lokrume. Ringkreuz.
Um 1200. Östlicher Stileinschlag.

Abb. 88 Fide. Kircheninneres mit Ringkreuz. 13. Jahrhundert.

Abb. 89 Öja. Ringkreuz.
Oben: die neun Engelhierarchien,
unten: Sündenfall und Austreibung aus dem Paradies.
Links: Maria (Kopie; Original in Visby, Museum),
rechts: Johannes (Versuch einer Rekonstruktion).
Zweite Hälfte des 13. Jahrhunderts.

Abb. 90 Eskelhem. Ringkreuz. Oben: Engel mit Weihrauchgefäßen, unten: Ecclesia und Synagoge. Um 1250.

Abb. 91 Eskelhem. Christus in den Planetensphären. Wandmalerei. Vermutlich 13. Jahrhundert.

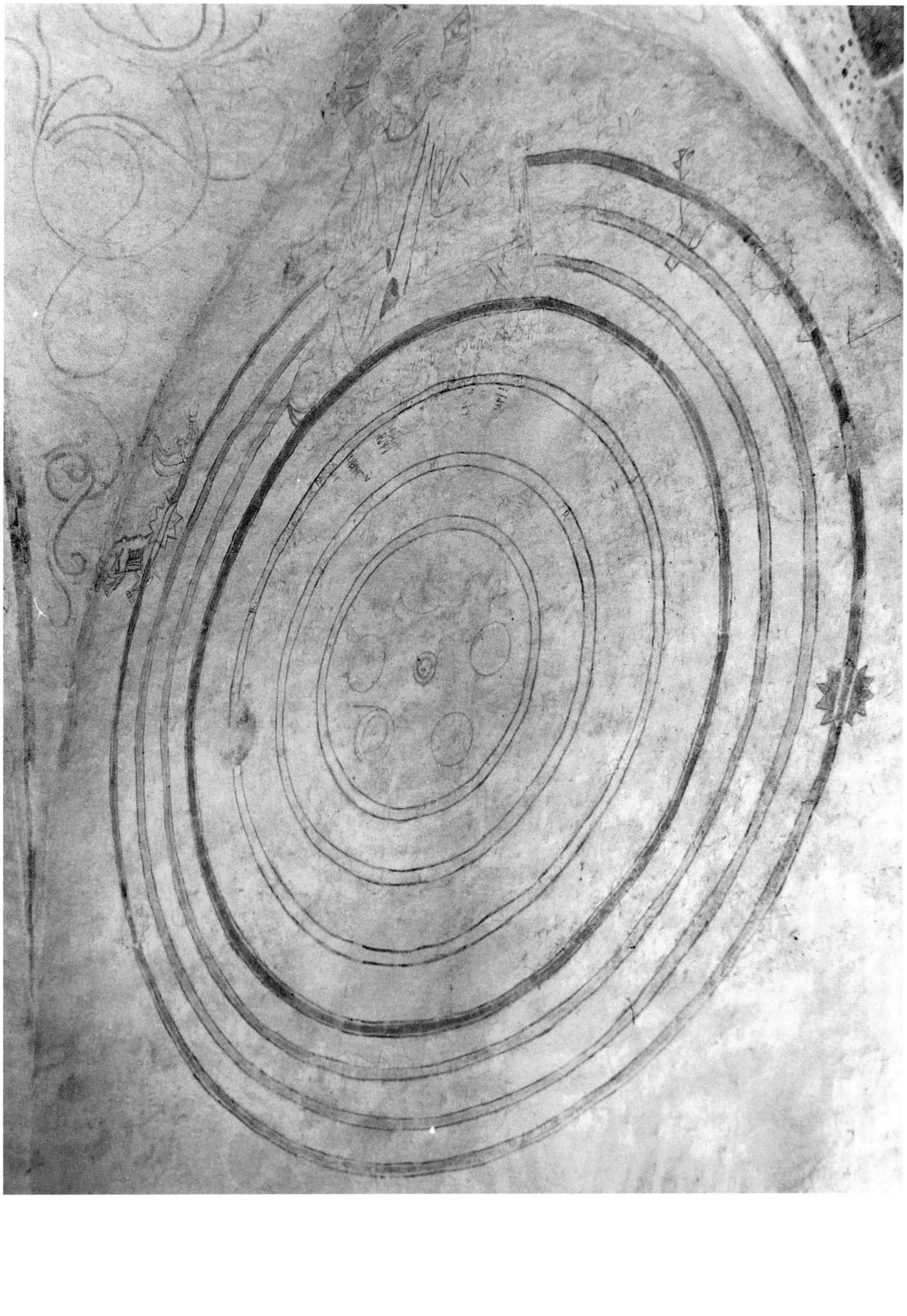

Abb. 92 Eskelhem, Deckenmalerei mit mythologischen Motiven. Christus als Lamm in der Mitte; im übrigen hauptsächlich Fischmotive. Zweite Hälfte des 13. Jahrhunderts.

Abb. 93 Sonnenscheibe, die bei Grabungen in unmittelbarer Nähe der Kirche von Eskelhem gefunden wurde und die bei heidnischen Kulten an diesem Ort verwendet worden war.

Abb. 94 Hörsne. Kapitell mit Fischen.

Abb. 95 Maria unter dem Kreuz. Original aus Öja. Zweite Hälfte des 13. Jahrhunderts.

Abb. 96 Die Viklauer Madonna. Von Chartres beeinflußt. 12. Jahrhundert. (Histor. Museum, Stockholm.)

als »Drohburg« gedeutet, weil hier durch magische Zeremonien den bösen Mächten »gedräut« worden sein soll. Die ungewöhnliche Ausrichtung des Visbyer Labyrinthes nach Nordwesten (304°), anstatt nach Süden, gibt zu der Vermutung Anlaß, daß diese Riten in der Herbst- und Winterzeit stattgefunden haben. Andere Forscher leiten den Namen »Trojeburg« von dem religiösen Bereich der europäischen Urbevölkerung her.

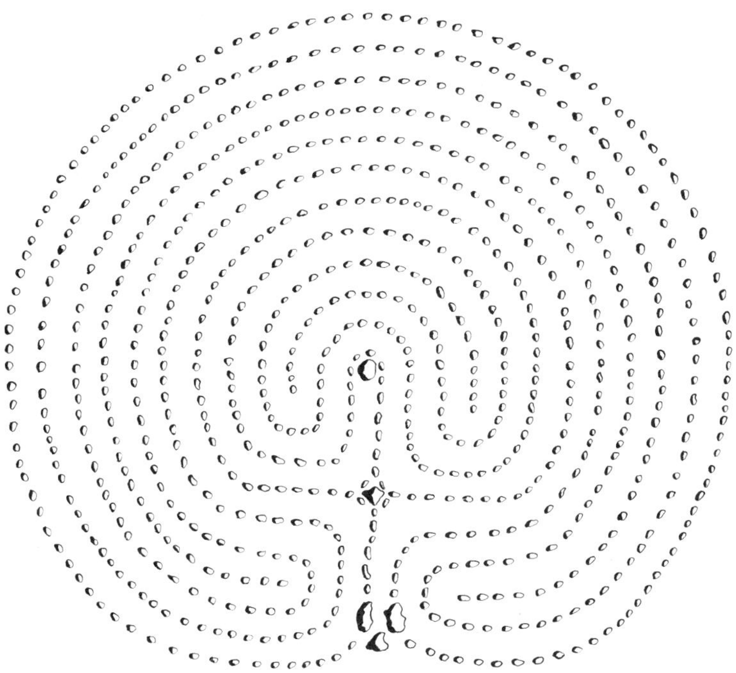

Fig. 7: Steinsetzung in Form eines Labyrinthes nördlich von Visby.

»Das hohe Alter des Troja-Namens kann durch eine etruskische Keramik-Kanne von ca. 600 v. Chr. belegt werden, die mit einer Labyrinthfigur dekoriert wurde, in deren Gängen man auf die Inskription TRUIA in seitenverkehrter etruskischer Schrift stößt. Wenn man auf Gotland die Steinfiguren Trojeburgen nennt, ist das also ein Sprachbrauch mit mehr als 2500jähriger Tradition. Der Ausdruck *Labyrinth*, der nunmehr der Fachausdruck der Archäologen ist, hat keine entsprechende Verankerung in der nordischen Volkstradition« (John Kraft).

Die unermüdlich strömenden Formen, wie wir sie im Labyrinth gesehen haben, lebten sich besonders in der keltischen Kunst dar, auf die wir immer wieder stoßen. Häufig sind es Formen um des Formenflusses willen, die nichts abbilden wollen. Bereits die ältesten keltischen Arbeiten haben durchweg Umriß- und Außenlinien in edler Spannungsführung. Beobachtet man sich selbst beim Betrachten dieser Formenwelt, so ergibt sich, daß keinerlei dramatische seelische Erlebnisse auftreten. Es stellt sich vielmehr die Empfindung ein, in eine reine, freud- und schmerzlose, unendlich strömende Lebenswelt zu gelangen. »Trocknen« diese Strömungen ein, so werden sie zum bloßen Zeichen. Zwei Runensteine in der Kirche zu Rute führen uns diese Entwicklung vor Augen. Zwar ist auch schon der ältere in strengen geometrischen Formen gebändigt, doch seine Linien klingen und schwingen noch wie Musik. Bei dem anderen Stein sind künstlerische Harmonie und Genialität verschwunden. Hier wurden sie von der Runenschrift abgelöst. Aus Leben wurde Zeichen, aus Schönheit Schrift (Abb. 25 u. 82). Auch hier wurde eine Bewegung in die Form gebannt.

Noch eine weitere große Kulturströmung machte sich auf der Insel geltend. Auf ihren weiten Fahrten nach Osten waren die Gotländer mit dem Christentum östlicher Prägung zusammengekommen, und dies in einer Zeit, als in Südrußland die herrliche Welt der Ikonen blühte. Die russische Kirche St. Lars in Visby (Abb. 117) sowie die byzantinischen Wandmalereien von Källunge und Garde (Abb. 115 u. 116) zeugen davon, daß man die Geschehnisse im Osten wahrnahm und in sich aufnahm.

Die beseelte Welt der *Bilder*, die im Osten die Wände in den Kirchen über und über bedeckte, um Ehrfurcht, Verwunderung, Mitleid, Hoffnung und Frömmigkeit zu erwekken, verschmolz bei den gotländischen Kruzifixen mit dem *Zeichen* der Sonne. In ihm erscheinen nun die Taten und Leiden, die Schmerzen und Freuden in dem Schicksal der Menschheit und des Christus. Um die Gestalt des Gekreuzigten leuchtet das Gold der geistigen Sonne auf.

Als sehr viel später auf Gotland die Kirchen errichtet wurden, holten die Gotländer das Sonnenkreuz in den geweihten Raum herein, *richteten es auf,* versahen es mit dem Gekreuzigten und stellten es an den erhabensten Platz – unter den Triumphbogen (Abb. 83–90).

Die gotländischen Sonnenkruzifixe gehören zu den großen Taten der europäischen Kirchenkunst, da sie von einem Sonnenchristentum künden, das in anderen Gegenden Europas verdeckt, vergessen und sogar bekämpft wurde.

Eines der schönsten dieser Kruzifixe finden wir in der Kirche von Eskelhem (Abb. 90). Mit königlich-göttlicher Souveränität und Milde trägt der Christus das Leiden am Kreuz, hinter dem bereits die goldene Ostersonne aufstrahlt.

Es gibt auf dem Kontinent offensichtlich nur noch ein einziges vergleichbares Sonnenkreuz, interessanterweise in Westfalen, mit dem Gotland im 13. Jahrhundert einen intensiven geistigen Austausch gepflegt hatte, der vor allem auf dem Gebiet der sakralen Kunst und der Kirchenarchitektur zum Ausdruck kam. So fand man in der Soester Kirche St. Marien zur Höhe im Jahre 1868 ein Scheibenkreuz von beachtlicher Größe »in einer mit einem wertlosen Leinwandbilde bedeckten Nische«, das aus der Zeit um 1210 stammt und stark an die gotländischen Triumph-Kruzifixe erinnert.

In derselben Kirche in Eskelhem befindet sich an der Nordwand ein gewaltiges Fresko, das den kosmischen Christus in den sieben Planetensphären, auf der Sonnenbahn thronend darstellt (Abb. 91). An den Sternenbahnen sind bestimmte Daten in Runenschrift angebracht. Immer wieder taucht in den Wandmalereien das Fischmotiv auf (Abb. 92), ein im Urchristentum häufig verwandtes Symbol, das zuerst an den Wänden der Katakomben erschien. Es ist das biblische Bild für die Speisung des Menschen aus Himmelskräften (Speisung der Fünftausend) oder auch der Einweihung in höhere Bewußtseinszustände (Jonas im Walfisch). Christus nannte seine Jünger auch »Menschenfischer«; er selbst wurde oft als Fisch symbolisiert dargestellt. In jener Zeit lag der Frühlingspunkt der Sonnenbahn im Sternbild der Fische.

In unmittelbarer Nähe der Kirche von Eskelhem entdeckte man bei Grabungen eine Sonnenscheibe, die bei heidnischen Kulten an diesem Ort verwendet worden war

(Abb. 93). In ihrer Bedeutung ist sie dem berühmten Sonnenwagen von Trundholm in Dänemark gleichzusetzen. Die Funde und Kunstwerke von Eskelhem zeigen, daß die Germanen ihren Baldur in dem Christus wiedererkannt haben: den *Geist der Sonne.*

Die Bronzezeit ist die Zeit der großen Sonnenverehrung gewesen. Auf den gotländichen Bildsteinen aus späteren Jahrhunderten stand das Sonnenrad oder das Sonnenkreuz in der Mitte; es sollte die Erinnerungen an den Lichtgott und die Schauungen, die früher so natürlich waren, wieder beleben.

Das Götterlicht verlosch jedoch unaufhaltsam, unerbittlich. Baldur starb, vom heimtückischen Mistelpfeil des Hödur getroffen. Doch die Prophezeiungen sagten, daß der Lichtbringer, der Sonnengott wiederkehren sollte.

»Aufsteigen seh' ich zum andern Male
aus der Flut die Erde in frischem Grün;
über schäumenden Fällen schwebt der Adler,
Fische fängt er an felsiger Wand.

Auf Idafeld kommen die Asen zusammen
und reden vom ries'gen Umringer der Erde,
an der großen Ereignisse Gang sich erinnernd
und des obersten Gottes alte Runen.

Dort werden auch wieder die wunderbaren
goldnen Tafeln im Grase sich finden,
die einst in der Urzeit die Asen besaßen
. . . . . .

Auf unbesätem Acker werden Ähren wachsen,
alles Böse schwindet, denn Baldr erscheint:
Hropts Siegerburg beziehen Hod und Baldr,
die Wohnung der Streitgötter – könnt ihr weit'res verstehen?«

Edda, Voluspá, übertragen von Hugo Gering

Götterschiffe – Kirchenschiffe

Als die Menschen im nördlichen Europa begannen, ihre Beziehungen zum Kosmos und zu den göttlichen Wesen in Steindenkmälern auszudrücken, geschah das in verschiedenen Formen. So gibt es aus dieser Zeit Grabhügel, die nur aus einigen zusammengetragenen Steinen bestehen, andere hingegen aus mächtigen Anhäufungen von Hunderten von Steinen.

Weit verbreitet sind auch die sogenannten »Richterringe«. Sie werden durch etwa sieben bis vierzehn große Steinblöcke gebildet, die, in gewissem Abstand voneinander stehend, einen Kreis bilden, häufig mit einem Zentralstein in der Mitte. Hier wurde Recht gesprochen, und die Steine bezeichnen wohl die Orte, an denen die Priester-Richter standen, um aus den verschiedenen Weltenrichtungen auf den Täter in der Mitte einzusprechen und ihm seine Verirrungen vorzuhalten.

Zu den eindrucksvollsten und mächtigsten Steinsetzungen gehören aber die Stein-Schiffe (Abb. 98–100 und Umschlagfoto). Von ihnen gibt es auf Gotland über dreihundert in verschiedenen Größen und Ausführungen. Die meisten liegen in unmittelbarer Nähe des Meeres oder dort, wo zur Zeit ihrer Errichtung die Küste noch nahe war. An der Bauart der Steinschiffe kann man ablesen, daß sie zu einer Zeit entstanden sind, in der sich die wirklichen Boote bereits durch eine schlanke, elegante Linienführung auszeichneten.

Viele dieser Schiffe sind Gräber gewesen. Man legte den Toten mit seinen Grab-Beigaben in ein »Schiff«, um damit anzudeuten, daß seine Seele nun den Weg über das Gewässer finden möge, das das Diesseits vom Jenseits trennt. Die gleiche Vorstellung spricht ja auch aus verschiedenen Darstellungen in ägyptischen Gräbern oder aus anderen antiken Zeugnissen. Ausgrabungen innerhalb anderer gotländischer Steinsetzungen in Schiffsform haben jedoch ergeben, daß hier niemals ein Mensch bestattet worden ist. Sie müssen anderen Zwecken gedient haben. Möglicherweise handelt es sich hier um »Ankunftsschiffe«, in denen durch kultisch-dramatische Zeremonien zukünftige Ereignisse zur Anschauung gebracht wurden. Denn auch der, »der da kommen soll«, mußte ja in einem Schiff ankommen:

Es steigt zum Himmel
im Sturm das Meer,
es stürzt aufs Land,
die Luft verdorrt;
Schneesturm kommt dann
und scharfer Wind:
dann ist das Ende
den Asen gesetzt.

Einer erstand
vor allen mächtig,
den einst stärkte
der Erde Kraft.
eiskalte See
und Eberblut
den hehrsten Herrscher
heißen sie ihn,
sippenverwandt
sämtlichem Volk.

Dann kommt ein andrer,
der allerhehrste,
nimmer wag ich
zu nennen ihn;
wenige sehn
weiter vorwärts,
als bis Walvater
dem Wolfe naht.

Edda. Voluspá in skamma. Übers. Felix Genzmer.

Der »Klint« in Visby, der Abhang im Osten der Stadt, gewährt einen wunderbaren Überblick. Da liegen sie, die vielbesungenen, rosenüberwachsenen Ruinen der Kirchen. Dennoch sind es nicht alle: Einige werden von Häusern überragt, andere deckt die Erde. St. Göran, die Kirche für die Aussätzigen, liegt außerhalb der hohen Stadtmauer (Abb. 128). St. Nikolaus hat noch sein grasüberwachsenes Gewölbe, während St. Katharina ihre schlanken Giebel wie ausgespannte Segel in den blauen Himmel streckt. Nur die größte, St. Marien, hat noch Dach und Fenster, doch die Türme sind entstellt.

Siebzehn waren es, auf engem Raum. Hinter den grauen Mauern schimmert das tiefblaue, weite Meer. Bei allen diesen Kirchen ist der Chor nach Osten gerichtet, sie drängen sich wie Schiffe in einem engen Hafen...

»Schiffe«? Wie oft haben wir das Wort nicht schon gehört: »Kirchenschiff«! Wenn irgendwo dieses Wort ganz berechtigt ist, dann hier in Visby. Wie an den Strand gezogene schmale Boote sehen diese Kirchen aus, mit dem Bug gen Osten, als wären sie alle über das Meer hierhergekommen. Die zuletzt gebauten sind die höchsten, die stolzesten.

Nur zwei Jahrhunderte vor ihrem Bau verschwimmen die Konturen der Zeit, die Jahreszählung wird unzureichend, und wir sind in der Welt der Heldensagen, Legenden und mythischen Berichte. Noch spiegelt sie sich in den manchmal gar nicht deutbaren Szenen an den Portalen und Kapitellen wider (Abb. 152), die in der romanischen Epoche geschaffen wurden. Unendlich dehnt sich die Zeit zurück mit ihren Abenteuern und Schicksalen – wie ein Meer. Nun begreifen wir es plötzlich: Die Kirchen *waren* Schiffe! In ihnen wurden die Menschen aus dem Meer des Mythos und des Traumes an den *Erden*strand gebracht. Landungsboote waren sie, aus deren Innerem die Menschen hinein in den lichten, klaren Erdentag traten, festen Boden unter den Füßen... Ähnliches geschah in Vorzeiten durch die Arche Noahs.

Früher waren die Kirchen keineswegs nur der Ort, an dem die Seele sich zu göttlichen Höhen wieder emporschwang. Sie waren auch die Stätten, an denen das Bewußtsein von der Erde gefunden wurde. Im Mittelpunkt des Gottesdienstes standen Erdensubstanzen: Brot und Wein, in denen sich der Christus den Menschen mitteilt. Gottesdienst ist auch Dienst an der Erde.

Nun sehen wir es deutlich: Der romanische Mensch erlebte die Kirche als die *Halle des Gekrönten, des Königs* (Basilika). Die germanische Seele erblickte in der Kirche das *Schiff*, das die Menschen an den Strand des Erdendaseins bringt. Auch der Gottessohn erscheint an diesem Gestade, mit dem Schiff, das da »geladen kommt«. Der Mystiker Johannes Tauler, von dem das berühmte Adventslied »Es kommt ein Schiff geladen...« stammt, schöpfte dieses Geistesbild aus den Tiefen seiner Seele.

Wie wurde nun derjenige empfangen, der da kommen sollte und dessen Namen man dann aussprechen durfte?

Fig. 8: Drachenornamente, in die Planken einer Stabkirche geschnitzt, 11. Jahrhundert. Fundort Hemse. (Histor. Museum, Stockholm.)

Wir haben schon die kleinen Holzkirchen erwähnt, die auf Gotland als erste christliche Sakralbauten errichtet worden waren. Von ihnen sind aber nur geringe Reste erhalten geblieben. Holz ist ein Stoff, der noch relativ kurz vor seiner Bearbeitung lebendig war und von kräftigen Säfteströmen durchzogen wurde. Dieses Holzmaterial ist bei den er-

Abb. 97 Sonnenstein, solklot.
Aus der Eisenzeit (400 v. – 400 n. Chr.).
Ovietorp bei Roma.

Abb. 98 Steinsetzung in Schiffsform.
Aus der Bronzezeit. (1500–400 v. Chr.) Gnisvärd.

Abb. 99 Steinsetzung in Schiffsform.
Ganarve bei Fröjel.

Abb. 100 Steinsetzung in Schiffsform. An der Bauart der Steinschiffe kann man ablesen, daß sie zu einer Zeit entstanden sind, in der sich die wirklichen Boote bereits durch eine schlanke Linienführung auszeichneten. Gnisvärd.

sten Kirchen noch dadurch über sich hinausgesteigert worden, daß in den sich schlingenden Ornamentschnitzereien jene verborgenen Bildekräfte sichtbar gemacht wurden.

Zur Ausschmückung der Kirchen setzte ein edler Wettstreit ein. Man begann die Wände und Portale mit Schnitzereien zu versehen und baute die Kapellen und Kirchlein größer und höher. Bei der Renovierung der Kirche in Hemse im Jahre 1896 wurden auf der Unterseite von alten Fußbodenplanken Schnitzereien entdeckt: Es waren die Wände einer alten Stabkirche, welche die Handwerksleute bei der Errichtung der romanischen Steinkirche wiederverwendet hatten. Ähnliche Funde hat man auch noch in Garde, Silte, Alva und Guldrupe gemacht.

Fig. 9: Rekonstruktion eines Stabkircheneingangs mit Schnitzwerk aus dem 11. Jahrhundert. Fundort Hemse. (Histor. Museum, Stockholm.)

Es kam aber nicht zum Errichten solch prächtiger, großer Stabkirchen, wie wir sie von Norwegen kennen. Diese sind ja vielfach erst entstanden, als man auf Gotland bereits begann, in Stein zu bauen.

Der Schritt vom hölzernen »Haus des Lebens« zur Steinkirche war ein gewaltiger. Der Stein als Material mußte erst entdeckt und vor allem anerkannt werden. Davon sprechen die Ornamente, die zunächst ganz im Stil der Holzschnitzereien auch in das neue Material, den Stein, gemeißelt wurden, um ihn zu beleben.

Sicherlich wurde das »Eintauchen« in den »toten« Stein auch als ein Absinken erlebt, hatten doch die germanischen Vorfahren ihre Heiligtümer nur mit Holz umbaut und zuvor sogar nur lebendige Bäume zusammengeflochten, um dadurch heilige Versammlungsstätten zu erhalten. Damals wäre die Verwendung geschlagenen Holzes bereits eine Entweihung gewesen. Trotzdem verbirgt sich hinter dem Beginn der Steinbaukultur ein Fortschritt gegenüber der früheren: Der Mensch bediente sich mit dem Stein eines Materials, das nicht kurze Zeit, sondern Äonen zuvor von Lebenskräften durchströmt gewesen war. Der Fortschritt in den Stein hinunter war gleichzeitig das Wiederdurchdringen uralter Erdenprozesse, eine wahre Wieder-Verbindung.

Fig. 10: Vogelornament in Stein gehauen in der Art der Holzschnitzerei. 12. Jahrhundert. Vamlingbo.

Von dem Zeitalter der Gotik an wurden dann oftmals die Innenräume der Kirchen mit Pflanzenornamenten ausgemalt, damit die formenden Lebenskräfte nicht völlig entschwinden sollten. Als im 12. Jahrhundert auf Gotland der Steinbau aufkam, scheint erneut ein Wettstreit zwischen den einzelnen Bauern-Kaufleuten um den Besitz eines solchen kleinen Gotteshauses entbrannt zu sein. Der Impuls, die »Hütten des ewigen Lebens« in Stein zu bauen, muß auf der Insel von Visby ausgegangen sein, denn hier begannen die Gotländer wie auch Kaufleute aus Deutschland, England oder Rußland eine Stadt aus Stein zu errichten.

Wir müssen uns aber noch einmal in Erinnerung bringen, daß die ersten Steinkirchen kleine Bauten waren. Man kann sich davon ein Bild machen, wenn man sich zum Beispiel bei der Kirche zu Fardhem Turm und Kirchenschiff wegdenkt, die beide erst im 13. Jahrhundert dazugebaut worden sind (Abb. 110). Leider ist auf Gotland nicht eine romanische Kirche mehr erhalten, die noch die alten Lichtverhältnisse im Innenraum bewahrt hätte. Es lassen sich aber noch in vielen Kirchen die Spuren der alten, ungemein kleinen Fenster finden. Ein derart dämmrig-dunkler Kirchenraum wäre heutzutage überhaupt nicht mehr gemäß. Denkt man sich einmal die großen Fensteröffnungen

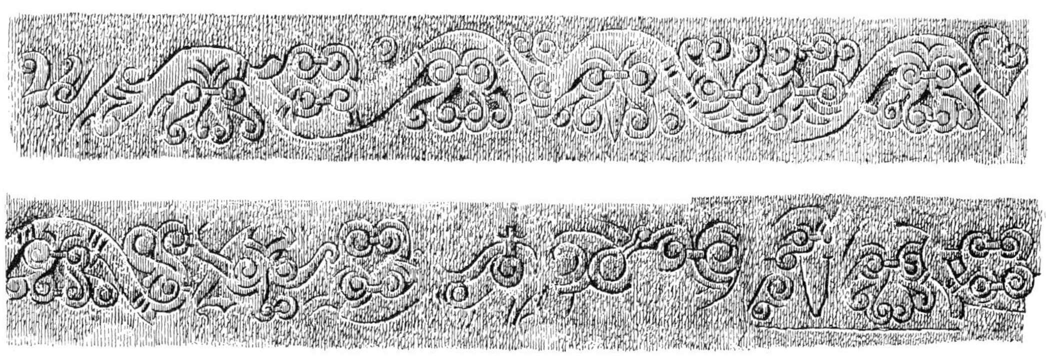

Fig. 11: Romanische Ornamentbänder, in Stein gehauen, in der Art der Holzschnitzereien. Jetzt in der gotischen Kirche zu Sanda. Älteste Bausteine einer Steinkirche auf Gotland.

weg, die meistens aus der Reformationszeit stammen, so ist leicht nachzuempfinden, wie stark das Tageslicht und somit die Außenwelt einst daran gehindert wurden, in das Allerheiligste vorzudringen.

Damals legte man überhaupt keinen Wert darauf, daß es in den Gotteshäusern hell war. Die heilige Handlung am Altar war noch in das Dämmerlicht des Mysteriums gehüllt, dem menschlichen Verständnis weitgehend entzogen. Sie wurde in lateinischer Sprache gesungen, was ohnehin nur die Priester verstanden. Aber die heiligen Klänge, Hymnen und Liturgien erfüllten Kirchenräume und Menschenseelen und erweckten in der Klangwelt Christusahnungen und Engelerlebnisse und die Fähigkeit, auf die Sphärenharmonien zu lauschen.

Deswegen durfte es in den kleinen Kirchlein ruhig dunkel sein, vielleicht war es sogar gut so. Die Wandmalereien waren selten in der Dämmerung auszumachen, sie waren nicht für die Menschen, sondern für den Gott geschaffen. Aber ob ein Kirchenraum eine gute Akustik besaß, dafür hatte man ein feines Ohr. Davon zeugen zuweilen die unscheinbaren, aber wichtigen Schallöcher oben in den Gewölben.

Schon während der romanischen Zeit wurden einige der Kirchlein erweitert. Der Bau von Barlingbo zeigt verschiedene Erweiterungs-Anbauten. Das Kirchenschiff in Havdhem ist aufgestockt worden, so daß der ehemalige Dachfries jetzt beinahe auf halber Höhe in der Mauer zu sehen ist (Abb. 111). Die Kirche in Anga zeigt mit aller Deutlichkeit, wie klein die ursprüngliche Bau-Anlage im Verhältnis zu dem später angebauten Turm ist (Abb. 108).

An der Westküste Gotlands wuchs mit großer Schnelligkeit die Stadt Visby heran. Die »Guta-Saga« läßt vermuten, daß in Wi (Visby) von alters her eine Art Sammelstätte für Gotland gewesen ist. »Wi« bedeutet »heilige Stätte«, »Opferplatz«, der häufig gleichbedeutend war mit dem Platz der Rechtsprechung, dem »Thing«. In Visby kam das für ganz Gotland gültige Thing zusammen. Offensichtlich waren es die Vorrechte der Thingstätte, die bewirkten, daß die erste Kirche in Visby nicht in Brand gesteckt wurde. Bis in das Mittelalter hinein hatten die umliegenden und untergeordneten Thinggebiete eine Wegverbindung mit Visby; wer sich auf diesem Landstreifen befand, unterstand der Gerichtsbarkeit des Things. Aus diesem Wegsystem läßt sich schließen, daß bereits in heidnischer Zeit dort eine Art Zentrum gewesen sein muß. Ein geübtes Auge kann aus dem heutigen Stadtbild Visbys noch den Umfang der früheren Bebauung herauslesen. Der wirkliche Aufschwung zur Stadt im jetzigen Sinne geschah aber erst, als die ausländischen – hauptsächlich deutschen – Kauffahrer Visby zu ihrem Umschlaghafen machten. Der Stern Visbys strahlte schon hell, als Lübeck erst gegründet wurde. Es ist bei den gegebenen günstigen Voraussetzungen nicht verwunderlich, daß Gotland, das schon von jeher weitverzweigte Handelsverbindungen mit Ost und West besessen und nie dem

Herrscherprinzip gefrönt hatte, zum Brennpunkt des intenationalen Verkehrs im gesamten Ostseegebiet wurde. Überall in Europa bildeten sich die Gotlandfahrer-Zünfte: In Visby gewesen zu sein, bedeutete den Morgenglanz der Menschheitszukunft mit ihren neuen Lebensformen gesehen zu haben.

Im 12. Jahrhundert war Visby der »Stolz der Hanse«. Die Hanse war die Fortsetzung des Städtegründungs-Impulses, der im 12. Jahrhundert in Europa mit Macht einsetzte. Das Wegstreben vom Land zu den Städten hin, die Entstehung von neuen Lebens- und Gesellschaftsformen bildeten einen frühen Auftakt zu unserem modernen Zeitalter. Ein neues Bewußtsein vom Wesen und von der Würde des Menschen entstand. Zwischen Herrschern und Untertanen enwickelte sich das Bürgertum, das die Verantwortung für sich selbst zu übernehmen begann. Zwar gliederte sich auch diese Bevölkerungsschicht noch in viele Zünfte und Gilden, die dem einzelnen Menschen Schutz und Brüderlichkeit boten; dennoch war ein großer Schritt hin zum neuen Menschen getan.

Aus einem gewaltigen Freiheitsimpuls heraus wurde eine Reihe von Städten gegründet, die keinem Herrscherhaus unterstanden, sondern sich selbst verwalteten. Im nördlichen Europa schlossen sich diese freien Städte zu einer übernationalen Organisation zusammen: der Hanse. Die Städte gelobten einander Beistand und Hilfe. Sie wurden zu Knotenpunkten eines weitverzweigten, internationalen Handelssystems, das sich mit vielen »Kontoren« von London bis Nowgorod erstreckte.

Die neuen Handelswege folgten jedoch alten Spuren, die als Verbindungen ganz anderer Art schon lange zuvor bestanden hatten. Immer wieder trifft man zum Beispiel auf Gotland auf Zusammenhänge mit dem westfälischen Raum, die sich besonders in Architektur und Plastik feststellen lassen. So ist es auch nicht verwunderlich, in mehreren gotländischen Kirchen dem Symbol der Irminsul zu begegnen, jener heiligen germanischen Kultsäule, die im Gebiet der Externsteine bei Paderborn gestanden haben soll. Sie war von Karl dem Großen im Jahre 772 zerstört worden. In dem Kreuzabnahmerelief an den Externsteinen aus christlicher Zeit ist die umgestürzte Irminsul dargestellt.

Für die Handelswege nach Rußland bis an das Schwarze Meer bildete Visby das entscheidende Verbindungsglied. Aufgrund seiner freien Lage mitten in der Ostsee und seiner Unabhängigkeit gegenüber anderen Mächten konnte sich hier das Urbild einer freien Hansestadt besonders reich entfalten. Die Stadt schuf sich eine eigenartige Verwaltungsform, so daß der einheimische Bürgermeister gleichberechtigt mit dem der Kauffahrer-Gilden zusammen regierte.

Innerhalb der von weitem Leben und Handel durchpulsten Stadt entstand ein Gotteshaus nach dem anderen. Eine Wanderung durch die Ruinenwelt Visbys wird zum Gang durch christliche Zeiten und Schicksale.

Wie ein gedrungener Turm, der ein stilles Geheimnis in sich birgt, liegt die doppelgeschossige Helge-Ands-Kirche da. Das Obergeschoß mit Öffnungen zum Chor und in das Untergeschoß hat sicherlich den internen Zusammenkünften des Ordens der Barmherzigen Brüder zum Heiligen Geist gedient. Reste des dazugehörigen Hospitals sind neben der Kirche im Erdreich gefunden worden.

St. Lars (Laurentius) weist als Grundriß das griechische Kreuz auf (Abb. 117). In den Wänden des Bauwerkes befindet sich geradezu ein Labyrinth von Treppen und Gängen, das nächtlichen Prozessionen und alten Riten gedient haben muß. Ein Hauch des Ostens umweht dieses Bauwerk.

St. Hans (Johannes) und St. Per (Petrus) befinden sich auf dem Platz, auf dem nach der »Guta-Saga« die erste Holzkirche stehen durfte. Die beiden Kirchen sind bei umfassenden Erweiterungen zusammengewachsen und somit zu einer Doppelkirche geworden.

In der Kirche des Dominikaner-Ordens St. Nikolai ist die Wand zum erstenmal von einer größeren Fensterrose durchbrochen (Abb. 118). Das geometrische Formenwerk dieser Lichtblüte ist aus einem einzigen Stein gehauen.

Bei der Kirche der deutschen Kauffahrer, St. Marien, der einzigen unzerstörten Kirche Visbys, wurde in einer späteren Bauphase das ganze Kirchenschiff mit einem Speicher überbaut, dessen Kranbalken noch heute am Ostchor zu sehen ist. Die Gotteshäuser Visbys waren oftmals Faktorei-Kirchen; sie bargen in ihren mächtigen Mauern sowohl die geistigen wie auch die materiellen Schätze ihrer Kauffahrer (Abb. 105, 172 u. 173).

In der Franziskaner-Kirche St. Karin (Katharina) erreichte seine Vollendung, was bei den übrigen Bauten sich mehr und mehr angekündigt hat: die Gotik. Mit ihren schlanken Säulen, ihren hohen Gewölben, Bögen und Fenstern ist sie eines der eindrucksvollsten gotischen Bauwerke überhaupt, nicht zuletzt wegen der edlen Zurückhaltung ihres Stils. Ihre Erbauer fielen nicht der Versuchung anheim, etwas Triumphales – wie zum Beispiel bei den französischen Kathedralen – hervorbringen zu wollen (Abb. 106).

Wie schon früher erwähnt, waren die Gotländer, die ihre Besitzungen auf dem Lande hatten, nicht nur Bauern. Sie waren zu gleicher Zeit auch Kaufleute und Seefahrer. Deshalb entstand nicht der sonst übliche Gegensatz zwischen der fortschrittlichen Stadtbevölkerung und den mehr konservativen Menschen auf dem Lande. Das drückt sich auch in der Bautätigkeit auf dem Lande aus, die genau so umfangreich und intensiv betrieben wurde wie in der Stadt. Auch hierher holte man sich die »neuen« Baumeister und Künstler, um sie mit gewichtigen Aufgaben zu betrauen.

So entstanden immer größere Bauwerke oder die älteren wurden mit neuen Anbauten versehen. Ganz besonders die hinzugefügten Türme wurden immer mächtiger und höher. Viele sind von einem Baumeister errichtet, dessen wirklicher Name unbekannt ist; man hat ihm aber wegen seines monumentalen Baustiles den Namen Ägypticus gegeben. Von ihm stammen unter anderem die Türme von Stenkyrka, Tingstäde, Eskelhem, Dalhem, Rone und Öja.

Das Kloster in Roma, mitten in dem fruchtbarsten Landstrich Gotlands, war das Zentrum des Zisterzienser-Ordens, der von hier aus auch große Besitzungen im Baltikum verwaltete. Die Zisterzienser waren damals die Experten in der Landwirtschaft.

Die meisten dieser Landkirchen liegen gerade nicht an den verkehrsmäßig günstigsten Stellen, sondern abseits zwischen Wiesen und Wäldern, dort, wo früher die heidnischen Kulte stattgefunden haben. Ganz Gotland ist, abgesehen von seinen unwirtlicheren Gegenden, wie von einem Netz solcher Stätten überzogen. Der Abstand zwischen den heiligen Plätzen beträgt immer rund eine Stunde Fußweg. Damit ist auch die Größe des Besitzes umrissen, den etwa fünf Bauern-Kauffahrer damals besaßen. Denn in der Regel waren es fünf von ihnen, die sich zum Bau eines Gotteshauses zusammentaten. Es gibt auf Gotland auch noch Reste der Häuser, die sich diese »Großmänner« errichteten;

es waren Paläste, häufig zwei bis drei Etagen hoch. Unschätzbare Reichtümer müssen diese Menschen besessen haben. Doch in diesen durchaus irdischen Verhältnissen entwickelte sich die modernste Form der menschlichen Gesellschaft: Das Land regierte sich selbst als Republik, mit dem Thing als Versammlungsort, während im übrigen Europa noch die Herrscherhäuser und der Adel regierten, wenn man von den freien Reichsstädten absieht.

Obwohl die Stadt Visby und das Land Gotland in dieser Hinsicht vom gleichen Geist beherrscht waren, kam es zwischen ihnen immer wieder zu Spannungen, die sich im Jahre 1288 sogar in einem Bürgerkrieg entluden.

Es entsteht die Frage, ob die *äußeren* Bedingungen die Entwicklung des Kirchenbaus tatsächlich so entscheidend geprägt haben, wie es häufig vorgestellt wird. Ist die Tatsache, daß die gotländischen Kauffahrer auf ihren Reisen über die Neuerungen in der Welt orientiert wurden und zudem auch noch reich waren, ein zwingender Grund dafür, daß sie ihre Gotteshäuser in dem neuen, gotischen Stil bauten?

Die Berechtigung dieser Frage wird noch durch ein für Europa einmaliges Ereignis erhärtet: Von den 70 bis 80 damals bestehenden Kirchen auf Gotland wurden *fast alle* ganz oder teilweise in der Zeit der aufkommenden Gotik *wieder abgerissen!* Es ist ein merkwürdiges Bild, dem man immer wieder begegnet: In den Mauern finden sich wiederverwendete Bausteine, die von der vorherigen Kirche am gleichen Platz stammen. Wahllos sind sie mit ihren Halbbögen oder Figuren wieder in die Mauern eingesetzt worden (Abb. 125). Häufig wurden die Fundamente der abgetragenen Kirche zum Sokkelfundament für die Innensäulen der erweiterten gotischen Kirche. Oft wurde auch nur ein Teil des romanischen Bauwerks beseitigt, zum Beispiel der romanische Chor, der dann durch einen wesentlich höheren gotischen ersetzt wurde. War in diesem Stadium das Bauen unterbrochen worden, so entstand das für die Insel charakteristische Silhouettenbild: im Westen der hohe Turm, in der Mitte das niedrige romanische Kirchenschiff und im Osten der hohe Chor (Abb. 126).

Besonders die Kirche in Källunge mit dem extrem großen, neu angebauten Chor läßt ahnen, welche Größenordnungen für den Neubau beabsichtigt waren.

Abb. 101 Noah in der Arche am Portal von Gammelgarn (vgl. auch Abb. 144). Werkstätte des »Ägypticus«. Mitte des 14. Jahrhunderts.

Abb. 102 Östergarn. Christus im Boot. Relief um 1250. Die Führung der Bootsplanken erinnert an die Wikingerboote.

Abb. 103 Freskenmalerei im Gewölbe der Kirche von Sanda. 14. Jahrhundert.

Abb. 104 Visby. Stadtansicht von Nordosten in den neunziger Jahren des vorigen Jahrhunderts.

Abb. 105 Visby. St. Marien. Faktoreikirche der deutschen Kauffahrer. Die einzige nicht zerstörte Kirche Visbys. Verschiedene Bauabschnitte vom 12. bis 15. Jahrhundert. Turmhelme aus dem 18. Jahrhundert.

Abb. 106 Visby. St. Karin. Kirche des Franziskanerordens. Älteste Teile von 1250. Fertigstellung des Chors 1388. Kirchenschiff aus der ersten Hälfte des 15. Jahrhunderts.

Abb. 111 Havdhem. Chor aus der ersten Hälfte des 12. Jahrhunderts, Kirchenschiff aus dem 13. Jahrhundert.

Abb. 112 Barlingbo. Chor und Apsis aus dem zweiten Viertel des 13. Jahrhunderts, Schiff und Turm aus der zweiten Hälfte des 13. Jahrhunderts.

Abb. 107 Sanda. Aus dem 13. Jahrhundert.

Abb. 108 Anga. Aus der ersten Hälfte des 13. Jahrhunderts. Der Turm überdeckt den westlichen Teil des Kirchenschiffes.

Abb. 109 Tofta. Unterer Teil des Turmes vom Ende des 12. Jahrhunderts (s. auch Abb. 123).

Abb. 110 Fardhem. Chor und Apsis vom Ende des 12. Jahrhunderts, Schiff und Turm aus dem 13. Jahrhundert.

Abb. 113 Ganthem.
Chor aus dem 12., Kirchenschiff und Turm aus dem 13. Jahrhundert.

Abb. 114 Stånga. Apsis aus dem 12., Kirchenschiff und Turm aus dem 13. Jahrhundert. Vom Meister »Ägypticus«.

Abb. 115, 116 Garde. Byzantinische Deckenmalerei. Vermutlich um 1200.

Abb. 117 Visby. St. Lars.
Um 1250.

Abb. 118 Visby. St. Nicolai. Fensterrose und Portal.
Um 1250. Kirche des Dominikanerordens.

Abb. 119 Tingstäde. Kirchenschiff Anfang 1200, Chor und unterer Teil des Turmes um 1250, Oberteil des Turmes 14. Jahrhundert.

Abb. 121 Dalhem. Turm aus dem 13. Jahrhundert von Meister »Ägypticus« erbaut, dem Baumeister der mächtigsten Türme auf Gotland. ▷

Abb. 120 Stenkyrka. Turm des Meisters »Ägypticus« aus dem 13. Jahrhundert.

Abb. 122 Roma. Klosterruine aus dem 12. Jahrhundert. Zentrum des Zisterzienserordens auf Gotland.

Abb. 123 Tofta. Der untere Teil des Turmes gehörte ursprünglich zu einer kleineren Kirche vom Ende des 12. Jahrhunderts. Aufstockung um 1250. Anbau des neuen Kirchenschiffes mit Chor um 1350.

Abb. 124 Stora Hästnäs bei Visby. Palastartiges Wohnhaus eines gotländischen Fahrensmannes. Anfang des 14. Jahrhunderts.

Abb. 125 Grötlingbo. Südfassade mit wiederverwendeten Steinen der vorherigen romanischen Kirche.

Abb. 126 Fröjel. Kirchenschiff aus dem 12., Turm und Chor aus dem 13. Jahrhundert.

Abb. 127 Visby. St. Clemens. Mitte des 13. Jahrhunderts.
Im Fußboden Reste des Fundaments einer vorangegangenen Kirche.

Abb. 128 Visby. St. Göran.
Aussätzigenkirche vor der Stadtmauer.
Mitte des 13. Jahrhunderts.

Abb. 129 Bara. Kirchenruine aus der Mitte des 13. Jahrhunderts.

Abb. 130 Auferstehung Christi. Vermutlich aus der Kirche von Väskinde. Um 1250. (Stockholm, Historisches Museum.) ▷

Abb. 131 St. Olav. Aus der Kirche in Träkumla. Um 1285. (Stockholm, Historisches Museum.) ▷

Abb. 132 St. Nikolaus. Aus der Kirche in Träkumla. Um 1285. (Stockholm, Historisches Museum.) ▷

Abb. 133 Kreuzigung. Vermutlich aus der Kirche von Väskinde. Um 1250. (Stockholm, Historisches Museum.) ▷

Abb. 134 Anbetung der drei Könige. Silte. Um 1250. ▷

171

Abb. 135 St. Michael. Aus der Kirche in Silte. »Ältere Dalhemer Glasmalereischule«. Um 1250. (Visby, Museum.)

Abb. 136 Verkündigung. Aus der Kirche zu Silte. »Ältere Dalhemer Glasmalereischule«. Um 1250. (Visby, Museum.)

Abb. 137 Anbetung der Drei Könige.
Aus der Kirche von Hablingbo. 1350–75.
(Stockholm, Historisches Museum.)

Abb. 138 Maria und Joseph mit den Opfergaben im Tempel. Aus der Kirche von Hablingbo. 1350–75.
(Stockholm, Historisches Museum.)

Abb. 139 Kreuzigung.
Aus der Kirche von Hablingbo. 1350–75.
(Stockholm, Historisches Museum.)

Abb. 140 Darbringung im Tempel. Lye. 1325–50.

Abb. 141 Geburt Christi. 1325–50.

Abb. 142 Verkündigung an die Hirten. 1325–50.

Abb. 143 Anbetung der Drei Könige. 1325–50.

Auch in Visby wurden Kirchen wieder abgerissen und neu aufgebaut: Die heutige Ruine von St. Clemens hat nicht weniger als drei – zum Teil stattliche – Vorstufen, deren Fundamente man noch heute teilweise sehen kann (Abb. 127).

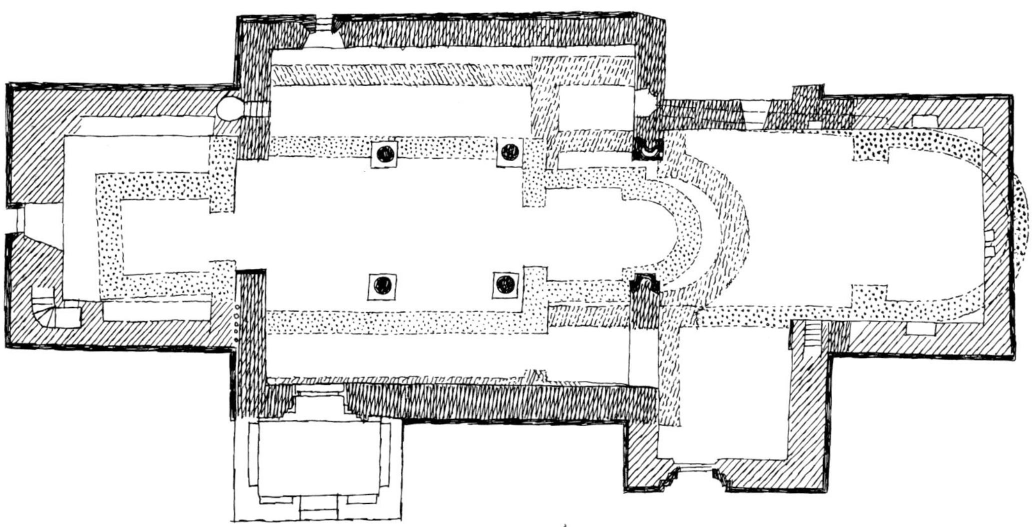

Fig. 12: St. Clemens. Viermalige Fundamentsveränderung. Visby.

Die Betrachtung des gewaltigen Umfangs der damaligen Bau- und Umbautätigkeit auf Gotland kann doch nur in die Frage münden: Waren über das ganze Land hin die Kirchen abgerissen worden, bloß weil man erfahren hatte, daß in Westfalen, in Mitteldeutschland und Frankreich neue Stilelemente entstanden waren? Es legt doch nur Hand an seine heiligen Stätten, wer selbst zu der Einsicht gekommen ist, daß die Gottheit sich jetzt in neuen Formen offenbart. Einsicht vollzieht sich im Menscheninnern; was sich in den damaligen Menschen ereignet hat, muß eine *neue Christus-Begegnung* gewesen sein.

Der gotische Stil spricht es überall aus, daß diese Begegnung ein *Lichtgeschehen* war, das aus den Tiefen der Menschenseele sich hervorrang. Die düsteren Mauern des romanischen Gebäudes mußten hohen, immer höheren Fenstern weichen, die sich mit der leuchtenden Farbenwelt der Christusimaginationen füllten; ausladende, tiefgestaffelte Portale öffneten sich, die Mauerflächen lösten sich in Maßwerk und Zierrat auf, und die ehemals wuchtigen Türme wurden zu tausendfach durchbrochenem Filigranwerk. Es war, als ob die unerschöpfliche Fülle des Lichtes alles Dunkel wegzehren wollte. Sonderbar berührt auch der Eindruck, wie sich die gotische Kirche als Ruine an Schönheit sogar noch übertreffen kann.

Nur die Erkenntnis, daß der Christus jetzt im Erdenlicht erscheinen wollte, kann der wahre Grund für die überwältigende Begeisterung sein, mit der man zu Werke ging und neue Gottestempel baute.

Tore in die Zukunft

Am Anfang der Prosa-Edda steht die Geschichte von dem schwedischen König Gylfe, der durch eine magische List einen Teil seines Landes verlor. Durch Schaden klug geworden, macht er sich auf, um bei den Asengöttern die Dinge zu erfahren, die er noch nicht wußte.

Der Eintritt in die Götterhalle entbehrt nicht der Dramatik: In dem Tor zur Halle sieht Gylfe einen Mann mit sieben Handmessern hantieren, ihn daran erinnernd, daß er gefährlichen Boden betritt. Der König wird in die Halle geleitet, bekommt aber den Namen des Herrn der Halle nicht zu hören, »du fragst ihn dann selbst nach seinem Namen«. Nachdem Gylfe eine Zeitlang die seltsamsten Dinge in der Halle gesehen hat, spricht er die erste Strophe aus dem Hávamál:

»Tu deine Augen auf,
wo du durch fremde Türen trittst.
Schaue in alle Ecken nach,
was da verborgen sich hält.«

Plötzlich gewahrt er vor sich drei Hochsitze, übereinander gebaut, auf denen drei große Männer sitzen: der unterste wird »Hoch«, der mittlere »Gleichhoch« und der oberste »Dritt« genannt. Die Benennungen deuten durch ihre Inkonsequenz für unser gewöhnliches Denken an, daß es sich um eine Dreifaltigkeit von Geistwesen handeln muß, ähnlich wie beim Besuch des »Herren« bei Abraham im Hain Mamre.

Es wird vereinbart, daß König Gylfe diese Wesen um alles fragen darf, daß er ihnen aber selbst etwas berichten können muß, was sie nicht kennen, andernfalls er sein Leben verlieren wird.

In einem langen Gespräch erfährt er vieles aus der Götterwelt, bis hin zu den unausweichlichen kommenden Schicksalen der Götter und der Erde.

Als sich aber zeigt, daß er nach der fernsten Zukunft zu fragen versteht, nach dem, was *nach* der Götterdämmerung und dem Weltuntergang geschehen soll, da geben sich die Götterwesen geschlagen, und König Gylfe findet sich nach einem gewaltigen Donnerschlag auf freiem Felde wieder, das heißt in der Erdenwelt.

Diese Erzählung kann auf die schönste Weise anschaulich machen, daß der Eintritt des Menschen in den göttlichen Bereich immer ein Doppelereignis darstellt: Beide Partner sind Gebende und Beschenkte zugleich. Die Gotteswelt gibt das Geheimnis (Mysterium) preis, der Mensch seine Erfahrung und sein Schicksal. Denn die Engel haben kein Erdenschicksal.

Dieser Eintritt in höhere Bereiche soll sich vollziehen, wenn wir den Kirchenbau betreten, und das Portal soll dieses Ereignis versinnbildlichen.

Deswegen begegnen uns an den Portalen häufig Gestaltungen und Schilderungen, die uns wirklich erwecken, aufmerksam machen sollen: »Tu deine Augen auf...« Im Inneren der Gottheit ruht das Erstaunliche, das Unfaßbare, das Unverständliche.

So sind an den Portalen aus der romanischen Epoche häufig Szenen und Wesen dargestellt, die wir aus der physischen Welt um uns herum gar nicht kennen: Drachen, Sphinxe, Einhorne, menschenverschlingende Ungeheuer.

Auch die großen Rätsel unseres Menschenseins werden uns vor Augen gestellt: Der Sündenfall, die Austreibung aus dem Paradies, der Brudermord, die Sintflut.

Oder die alles menschliche Verstehen übersteigende Gnade der göttlichen Welt: die Verheißung der Rettung der Menschheit, die Geburt des Messias, seine Auferstehung vom Tode und das Jüngste Gericht.

Die Portale wollen Staunen und gleichzeitig Wachheit erwecken und die Sinne schärfen. So kann es für den modernen Menschen zu einem echten Aufwach-Erlebnis werden, wenn er mit der Doppelheit der Geburts- und Kindheitsgeschichten Jesu so »handgreiflich« konfrontiert wird wie an dem Portal der Kirche von Bro (Abb. 165).

Wir sehen, von rechts kommend, zunächst die Verkündigung an Maria, so wie sie uns das Lukasevangelium schildert. Daneben ist die Geburt im Stall dargestellt, auch gemäß Lukas. Maria ist schlicht gekleidet, ihre Umgebung einfach und ärmlich. Dies ist die Familie, die von dem Davidssohn Nathan abstammt, wie es auch im Lukasevangelium steht.

Daneben sehen wir noch einmal Joseph und Maria und das Kind, letztere aber mit Kronen auf ihren Häuptern, dem Zeichen ihrer Königswürde. Vor ihnen die drei Heili-

Abb. 144 Gammelgarn. Portal aus der Werkstatt des »Ägypticus«. Mitte des 14. Jahrhunderts.

Abb. 145 Lau. Romanisches Kapitell.
Der Mensch zwischen dem apokalyptischen Lamm und dem Tier. 13. Jahrhundert.

Abb. 146 Lau.
Romanisches Kapitell mit Vogeldarstellung.
13. Jahrhundert.

Abb. 147 Lärbro.
Romanisches Tympanon mit Christus dem Weltenrichter.
12. Jahrhundert.

Abb. 148 Romanisches Kapitell. 11. oder 12. Jahrhundert. (Visby, Museum.)

Abb. 149 Seite von Abb. 148. Engel mit Buch.

Abb. 150 Hablingbo. Christus zwischen Kain und Abel.

Abb. 151 Dalhem. Portalfries mit Sphinx. 14. Jahrhundert.

Abb. 152 Fardhem. Ungedeutete Reliefs am Chorportal. 12. Jahrhundert. Aus der Werkstatt des Hegwaldr.

Abb. 153 Fardhem. Chorportal. Alexander des Großen Himmelfahrt. Zwei Greifenvögel tragen die Gondel empor, in der Alexander sitzt.

Abb. 154 Fardhem. Chorportal. Bischof und Löwendarstellung.

Abb. 155 Hejnum. Wiederverwendeter Reliefstein mit dem Bild des Auferstandenen. Ursprünglich in der früheren Kirche von ca. 1200.

Abb. 156 Öja. Portal aus der Werkstatt des »Ägypticus«. St. Egidius. Mitte des 14. Jahrhunderts

Abb. 157 Gammelgarn. Adam und Eva werden von Gott ermahnt (rechts), Sündenfall, Vertreibung aus dem Paradies. Detail von Abb. 144.

Abb. 158 Gammelgarn. Aus der Geschichte Kains und Abels. Detail von Abb. 144.

Abb. 159 Lummelunda. Portalfries mit Szenen aus der Kindheit Jesu. Mitte des 14. Jahrhunderts.

Abb. 160 Stånga. Portal mit eingemauerten Bruchstücken für den Fries einer geplanten Kathedrale. Von oben nach unten: Kreuzabnahme. Christus zwischen den beiden Versuchern. Anbetung der Heiligen Drei Könige. ▷

Abb. 161 Lye. Portal. Geburtsgeschichte Jesu nach Lukas.

Abb. 162 Lye. Portal. Geburtsgeschichte nach Matthäus.

Abb. 163 Martebo. Südportal am Kirchenschiff. Taufe Christi.

Abb. 164 Bro. Auferstehungsgeschichte am Portal.

Abb. 165 Bro. Geburtsgeschichten nach Matthäus und Lukas am Portal.

Abb. 166 Martebo. Südportal am Chor.
Die Heiligen Drei Könige. Der Kindermord in Bethlehem.

Abb. 167 Martebo. Südportal am Chor.
Darbringung im Tempel, Flucht nach Ägypten.

Abb. 168 Martebo. Südportal, am Kirchenschiff. Geißlung, Kreuzigung, Grablegung.

Abb. 169 Martebo. Südportal, am Kirchenschiff. Christus in der Vorhölle. Der Höllenschlund.

Abb. 170 Hörsne. Portalfries mit Michaels Kampf mit dem Drachen im Vordergrund.

Abb. 171 Hörsne. Portalfries mit (von rechts nach links) Johannes dem Apokalyptiker, dem Weib mit der Sternenkrone, der Sonne und der Mondsichel, der Geburt des Knäbleins, dem Weib mit den Adlerflügeln. Aus der Werkstatt des »Ägypticus«. Zweite Hälfte des 14. Jahrhunderts.

Abb. 172 Visby. St. Marien. Portalfries. Anbetung der Heiligen Drei Könige.

Abb. 173 Visby. St. Marien. Portalfries mit der Flucht nach Ägypten.

Abb. 174 Hörsne. Krieger.

Abb. 175 Michaelrelief aus der St. Hans- und St. Per-Kirche in Visby. Gefunden in der Nähe von Fröjel. (Visby, Museum.)

gen Könige, ihre fürstlichen Gaben darbringend. Dies ist die Königsfamilie im Volke der Juden, abstammend vom König Salomo, einem anderen Sohne Davids, wie es Matthäus angibt.

Auch an dem Portal der Kirche von Lye finden wir eine sorgsame Auseinandergliederung der beiden Geburtsgeschichten, indem auf der linken Seite dem Matthäusevangelium und auf der rechten dem Lukasevangelium gefolgt wird (Abb. 161 u. 162).

Hier stehen wir doch vor einem Rätsel. Die Vorstellung, daß die Entstehung und Entwicklung des Christentums, das heißt des Rettungswerkes der göttlichen Mächte bis ins Physische der Welt und des Menschen hinein sich in einem »einfachen und schlichten Mann von Nazareth« zugetragen haben soll, ist eine im Grunde hilflose Anschauung der modernen Menschheit. Durch Ahnungslosigkeit geistig blind gemacht, sehen wir folglich gar nicht, daß frühere Generationen ein viel differenzierteres Bild vom Wesen des Messias und Heilands hatten als wir selbst. Auch die Evangelien machen es uns nicht »einfach«, sie berichten ebenso unterschiedlich vom Geburtsgeschehen des Jesus von Nazareth, daß diese Schilderungen nicht in Übereinstimmung miteinander zu bringen sind. Rudolf Steiner bestätigt aus seinen geistigen Forschungen heraus, daß eine solche Übereinstimmung gar nicht erreicht werden kann, weil es sich bei den von Matthäus und Lukas geschilderten Geburtsereignissen überhaupt nicht um das gleiche Geschehen, um das gleiche Kind oder um die gleiche Familie handelt, sondern vielmehr um zwei verschiedene Familien, um zwei verschiedene Kinder. So erstaunlich diese Mitteilung auch sein mag, wenn man vorurteilslos genug ist, wird man plötzlich entdecken, daß dieses Geheimnis gar nicht so selten gemalt oder plastisch gestaltet worden ist, sogar von den größten Künstlern wie Raphael und Leonardo. Zu dem Erstaunlichsten gehört aber doch die Tatsache, daß die Ordensgemeinschaft, die ihr Zentrum in Qumran am Toten Meer hatte, ein Wissen um die zwei Messiasgestalten bereits *vor* der Entstehung des Christentums in ihren Schriften niederlegte.

Natürlich werden durch eine solche überraschende Perspektive nicht nur gewisse Probleme gelöst, sondern auch neue aufgeworfen. Denn die Frage bleibt ja bestehen, wie sich diese zwei Gestalten dann zu einer vereinigten. Daß dies im Zusammenhang mit der

Szene des Zwölfjährigen im Tempel geschehen sein muß, ist häufig von Malern erkannt und dargestellt worden. Auch der Schöpfer des früher erwähnten Scheibenkreuzes von Soest muß um dieses Geheimnis gewußt haben, denn er gestaltet die Szene so, daß hinter dem Elternpaar Joseph und Maria, die vor ihrem Sohn auf dem Lehrstuhl stehen, noch eine zweite Jünglingsgestalt hervorblickt.

Wir sahen in dem Kapitel über die Taufsteine die überreiche Figuren- und Bilderwelt, die häufig die Geheimnisse der Schöpfung und der Taufe ausdrückten. Wir sahen den Reichtum der verschiedenen Stilarten und auch die Tragik des Verdämmerns dieser Imaginationen und erfuhren davon, daß die Bilderwelt in neuer Form an den Portalen, über der Schwelle zur Geisteswelt, wieder aufblüht.

Was ist nun das Neue, verglichen mit den Figuren an den Taufsteinen? Es ist die Frucht, die der Mensch sich in seinem Erdenleben erwerben kann: seine eigene Individualität. Das Schicksal, die Erfahrungen, Leiden und Prüfungen in der Erdenexistenz meißeln die Persönlichkeit heraus. Diesen neu erworbenen »Schatz« trägt der Mensch jedesmal durch das Portal in die Kirche hinein, bis hin vor die Gottheit. König Gylfe konnte die dreifaltige Gottheit auf dem Hochsitz dadurch überwinden, daß sein Ich über die Grenzen der Schöpfung hinaus fragte, strebte. Das war damals das Neue.

Jetzt, in der christlichen Zeit, führt der Mensch die Schöpfung weiter dadurch, daß er die dem Gotte entfallene Welt ihm in Freiheit zurückbringt.

Deswegen beginnen die Figuren der Portale mehr und mehr individuelle Züge zu tragen. Das Maskenhafte, das an den Taufsteinen noch vorherrschte, fällt ab, das Ich tritt hervor.

Was schwebte über den Wassern der Taufbecken? Der Geist der Individualisierung, der Gotteswille zum Menschen-Ich.

An den Portalen, im hellen Sonnenlicht, tritt der Reichtum des Individuellen, Einmaligen, zum Vorschein.

Das war es, was die Kaufleute und Seefahrer in ihre Kirchen einbrachten: ob diese nun zwischen den Feldern oder unter dem Klint in Visby standen. Durch die großen Portale der Kirchen Visbys strömten Menschen aus allen Gegenden des nördlichen Europas. In den Gassen hörte man die Sprachen der verschiedensten Völker. Der Atem des freien, menschlichen Zusammenwirkens durchwehte die Stadt. Fest umgürtet von ihrer mächtigen Stadtmauer lag sie über dem blauen Meer wie das sichtbare Versprechen einer hohen Menschheitszukunft.

Wer ist wie Gott?

Im Zusammenhang mit der Christianisierung Gotlands haben wir gesehen, wie das Christentum auf drei verschiedenen Wegen und in drei unterschiedlichen Strömungen auf die Insel gelangt war. Eine urchristliche Strömung kam von Osten, die iro-schottische von Westen und die römische von Süden. Gotland mußte offensichtlich um seine eigene Form des Christentums ringen, inspiriert von der Geistigkeit, die seit langem dort eine Art von Wohnsitz gehabt hatte. Dieses Ringen brachte die schönsten Früchte auf dem Gebiet der Kunst hervor.

Zu unserem Erstaunen treffen wir in Gotland auf eine weitverbreitete Verehrung des deutschen Kaisers Heinrich II., der aber niemals auf Gotland gewesen ist. Die vielen Darstellungen Heinrichs verdeutlichen, daß es sich hier um eine Art von Wahlverwandtschaft handeln muß. Die Sympathie zu dem deutschen Mönchskaiser kann auch etwas über die Gedanken und Empfindungen der damaligen Menschen auf Gotland aussagen.

Heinrich wurde am 6. Mai 973 n. Chr. als Sohn des Herzogs von Bayern geboren. Sein Vater stand in Fehde mit einer anderen Linie seiner Sippe, die Kaiser Otto II. hervorgebracht hatte. Offensichtlich wollte Otto II. seine Krone dadurch sichern, daß er bestimmte, der Sprößling aus der Nebenlinie solle in den geistlichen Stand eintreten. Ein solcher Lebensweg hätte Heinrichs Veranlagung sehr entsprochen. Es kam aber zu einer Aussöhnung zwischen den Familien, und Heinrich wurde zweiundzwanzigjährig Herzog von Bayern. In diesem Alter griff er bereits reformierend in das Leben der Kirche in Bayern ein.

Im Jahre 1002 starb der junge Kaiser Otto III. in Italien. Da er keine Erben hatte, entbrannte sofort der Kampf um die Königs- und Kaiserkrone. Als der Trauerzug mit der Leiche des Kaisers deutschen Boden erreicht hatte, bemächtigte sich Heinrich der Kroninsignien, »sper, kriuz unde krone«, und warb bei den Mächtigen um ihre Stimmen zu seiner Königswahl. Der Kanzler und Erzbischof von Köln entfernte aber heimlich die »heilige Lanze« und machte damit jede Königswahl unmöglich. Die Anwesenheit der »heiligen Lanze« war damals für die Durchführung einer Königskrönung unerläßlich. Sie war zwei Generationen zuvor, aus mystischem Dunkel auftauchend, dem deutschen König Heinrich I. vom König von Burgund geschenkt worden. (Dieser Heinrich I. ist es, zu dem Richard Wagner den Gralsboten Lohengrin kommen läßt, Parsifals Sohn.) Als Gegengabe erhielt der König von Burgund einen Teil Schwabens, zu dem auch Basel gehörte. Das Verschwindenlassen der »heiligen Lanze« vor der Königskrönung des Enkels – also unseres Heinrich II. – ist ein merkwürdiges Geschehen in dem Schicksalsbild eines so jungen Menschen. Denn bei Heinrich II. »ist dies das einzige Mal, daß der heiligen Lanze ausdrücklich eine bestimmte Funktion beim Übergang der Herrschaft zugewiesen wird« (Hofmeister). – Hinter dem Auftauchen der »heiligen Lanze« um 926 hat man einen Zusammenhang mit den Gralstraditionen vermutet. Die jetzt in Wien gezeigte Lanze ist mit Sicherheit nicht mehr die ursprüngliche. Die bedeutungsvolle Rolle der »heiligen Lanze« bei der Königskrönung ebbte dann durch die Jahrhunderte hin ab.

Nach sechs Monaten wurde Heinrich dann doch zum deutschen König gekrönt. Ein Jahr später tauchte Abt Odilo von Cluny bei Heinrich II. auf, und die geistige Verbundenheit des Königs und späteren Kaisers mit der einschneidenden Reformbewegung innerhalb der Kirche andererseits trat zutage. Die clunyaziensische Bewegung hatte den Impuls, die Kirche von innen heraus durch eine grundlegende Selbstbesinnung auf die eigenen geistigen Aufgaben zu heilen. Die jahrhundertelangen Fehden zwischen Kirche und Kaiser, die in unendliche Verwirrungen und Überschneidungen ausarteten, wurden nun entflochten und in einer »Zweigliederung« abgeklärt, in der jede der beiden Seiten die andere einsichtsvoll in ihren Funktionen unterstützte. Der Abt Odilo ist bei allen wichtigen Anlässen in Heinrichs Leben erschienen.

An seinem 35. Geburtstag gab Heinrich durch eine Schenkung sein Herzensanliegen preis. Er wollte auf freiem, ihm persönlich zugehörigem Grund, d.h. nicht auf Land, das der Kirche oder dem Reich zustand, eine neue Hauptstadt für das Abendland errichten: das stolze Bamberg. Um diese Schenkung zu ermöglichen, mußte er Land teuer zurückkaufen, das er verschenkt hatte. Darin waren auch Ländereien eingeschlossen, die er seiner Gemahlin Kunigunde als Morgengabe geschenkt hatte. Damit deutete das Kaiserpaar an, daß aus der Ehe keine Erben zu erwarten waren.

Vier Jahre später, an Heinrichs 39. Geburtstag, wurde das Wunderwerk des Bamberger Doms bereits geweiht. Der Dom bedeutet einen Meilenstein in der Kunstgeschichte.

Man bezeichnet diesen Dom als den »griechischen Augenblick« in der romanischen Epoche, weil sich die dargestellten Figuren von dem tragenden, schützenden Hintergrund lösen. Bis hin zu dem berühmten Bamberger Reiter drücken die Gestalten nun dies eine aus: »Selbst-Ständigkeit«. Die erwähnte Zweigliederung zwischen geistlicher und weltlicher Macht ist unmittelbar aus der Gestaltung des Domes abzulesen: Im Ostchor steht der Gottesaltar, im Westchor der Kaiserthron.

Nun zog Heinrich nach Italien, um sich die Kaiserkrone zu holen. Benedikt VIII., ein junger, draufgängerischer Mann aus italienischem Adelsgeschlecht, hatte den Papststuhl inne. Er war vermutlich aus dem Laienstand heraus unmittelbar zum Papst gekrönt worden, ein Vorgehen, das damals nicht ungewöhnlich erschien. So kam die seltsame Begegnung zustande zwischen einem Papst, der eigentlich Soldat, und einem Kaiser, der eigentlich Mönch war.

Nach der Kaiserkrönung berief Heinrich eine Synode nach Rom ein und beanspruchte das absolute Entscheidungsrecht, auch über liturgische Fragen. Aufgrund seiner ungewöhnlichen geistigen Überlegenheit wurde es ihm nicht verwehrt. Bezeichnenderweise war er es, der das Credo in den christlichen Messe-Kanon einfügte. Heinrich hatte außerordentlich viel für die innere Reform der Kirche getan. Seine Hofkapelle wurde zur Ausbildungsstätte für Bischöfe, aus der nicht weniger als 42 Reformbischöfe hervorgingen.

Als Heinrich nach Deutschland zurückkehrt war, ordnete er mit sicherer Hand die inneren Angelegenheiten der Kirche. Dies bedeutete aber nicht einen Bruch mit dem von ihm verfolgten Ziel der Zweigliederung der Aufgaben von Kaiser und Kirche. Er griff ein, nicht um der Krone Vormacht zu verschaffen, sondern um der Kirche zu sich selbst zu verhelfen und dadurch einen ebenbürtigen Partner zu bekommen.

Vier Jahre später bat Heinrich den Papst, nach Bamberg zu kommen und seinem Werk die apostolische Weihe zu geben. Benedikt kam und empfing die Kaiserstadt aus der Hand Heinrichs als Lehen. Am 13. Juli 1024 starb Heinrich II. in Grona bei Goslar.

Rudolf Steiner hat wiederholt ausgesprochen, was sich in der Biographie dieser überragenden geistigen Persönlichkeit ausdrückt: Heinrich II. forderte eine »ecclesia catolica non romana«, eine Kirche, losgelöst von Rom und dessen Alleinanspruch auf die Christianisierung. Trotz solcher Spannungen befand es die römische Kirche für richtig, Heinrich II. unter ihre Heiligen aufzunehmen.

Es gibt aus dem 11. Jahrhundert eine chinesische Weltkarte, aus der hervorgeht, wie man sich damals in China das Aussehen der Erde vorstellte. Es ist mehr als eine Kuriosität, daß auf dieser Karte das gerade neu entstandene Bamberg mit verzeichnet ist. Der Ruf von dem großen und hochgeistigen deutschen Kaiser muß also bis in den Fernen Osten gedrungen sein. Auch auf arabischen Karten aus dem 12. Jahrhundert findet sich der Name Bamberg eingezeichnet.

Wenn wir in Betracht ziehen, daß Heinrich II. und Olav der Heilige gleichzeitig lebten, beginnen wir zu verstehen, warum Heinrich auf Gotland eine so große Verehrung genoß.

Beim Eintreten in den ungewöhnlich gut erhaltenen und harmonischen Innenraum der Kirche von Vamlingbo fällt sofort ein sehr großes Fresko an der Nordwand auf. Auf den ersten Blick ist man sich darüber im klaren, hier ein Kunstwerk vor sich zu haben, das aus einer ganz anderen Sphäre stammt als die Wandmalereien, die man gewöhnlich in den gotländischen Kirchen antrifft. Größe, künstlerische Kühnheit, Komposition und Pinselführung verraten hier den Meister. Es ist eine Darstellung der Seelenwägung Heinrichs II. (Abb. 176). Wir sehen auf der rechten Seite den Kaiser auf seinem Sterbelager. Fünf Priestern überreicht er einen großen goldenen Kelch (176 und 178).

Auf der großen Szene links finden wir den Kaiser nach seinem Tod in der einen Schale der Seelenwaage wieder. In die andere legen die Teufel gebündelte Gewichte und versuchen auf jede erdenkliche Art, diese Waagschale weiter zu beschweren. Auf dem linken Waagebalken reitet ein Teufel mit einem zweiten auf dem Rücken, der seinerseits Gewichte aufgeschnallt hat. Von links oben eilt ein Dämon mit einer großen Glocke herbei. Der »Oberteufel« – mit einem zweiten Gesicht auf dem Leib – hilft selbst nach, indem er mit dem Fuß die linke Schale hinunterdrückt, während zwei seiner Untertanen dazu beordert sind, die rechte Schale mit Stangen hochzustemmen.

Abb. 176 Vamlingbo.
St. Michael und die Seelenwägung Kaiser Heinrichs II.
Fresko von dem »Michael-Meister«. Um 1250. ▷

Der mächtige Erzengel Michael hält dieses ganze Geschehen mühelos zwischen seinen Fingerspitzen. Doch sein Richten ist nicht eine tatenlose Objektivität. Es sieht so aus, als sei er im entscheidenden Augenblick zu dem Wägungsprozeß herbeigeeilt. Er greift in den Vorgang ein und läßt den *Kelch* nach unten fallen, denselben Kelch, den Heinrich auf seinem Sterbelager verschenkte. Unter dem Erzengel steht sein Mithelfer, der heilige Laurentius, ein von Heinrich besonders verehrter Heiliger. Dieser fängt den Kelch auf und – wir sehen es deutlich – wird ihn sogleich zu Heinrich in die Waagschale legen. Das Bild drückt es unmißverständlich aus: *Das Ausschlaggebende ist der Kelch.*

Das Fresko in Vamlingbo ist Nordeuropas größtes Michaelsbild. Um 1250 ist es entstanden und gehört in dieselbe Zeit, in der die Schöpfungs- und Geburtsdarstellungen von den Taufsteinen verschwanden und diese in der Urform des Kelches gestaltet wurden (Abb. 80). Es ist dies auch die Zeit, in der die römische Kirche begann, der Laiengemeinde den Kelch vorzuenthalten und das Abendmahl nur in der Form des Brotes zu geben. Der Kelch ist aber das geistige Zeichen für bestimmte menschliche Kräfte, die Christus selbst gedeihen und heranwachsen lassen will. Sie sind uns mit Heinrich II. vor Augen gestellt: individuelle Mündigkeit im Geistigen und demütiges Dienen dem Göttlichen.

Mit diesen Zielen fühlten sich die Gotländer offensichtlich mehr verbunden als mit jenen der päpstlichen Strömung. Ihre Wahlverwandtschaft zu Heinrich II. übertraf in gewisser Weise noch die Verehrung, die dem Kaiser auf dem Festland zuteil werden konnte: »Nicht ohne Erstaunen müssen wir also feststellen, daß die ältesten und meisten Bilder der Seelenwägung Heinrichs auf Gotland zu finden sind (abgesehen von dem Fresko in San Lorenzo), und ohne Zweifel ist die Wandmalerei in Vamlingbo der Ursprung für die Folge der gotländischen Seelenwägungen« (Bengt G. Söderberg).

Seelenwägungen finden wir in Sanda, Hall, Väskinde, Dalhem, Ganthem, Stenkyrka und Anga (Abb. 179 u. 180). Künstlerisch gesehen können sie sich aber mit dem Vamlingboer Bild nicht messen.

Anknüpfend an die Gestalt Heinrichs II. bildete sich im 13. Jahrhundert auf Gotland also eine Strömung heraus, die vom römischen Christentum Abstand nahm. Wer war der Inspirator zu dieser Bewegung?

Abb. 177 Vamlingbo. St. Michael. Ausschnitt aus Abb. 176.

Abb. 178 Kaiser Heinrich auf dem Sterbelager.

◁ Abb. 179 Ganthem. St. Michael und die Seelenwägung Kaiser Heinrichs II. unter der Mithilfe des Laurentius. Fresko aus dem 15. Jahrhundert.

Abb. 180 Sanda. St. Michael und die Seelenwägung Kaiser Heinrichs II. Fresko um 1300.

Abb. 181 Eskelhem.
St. Michael. Fresko von dem »Michael-Meister«. Um 1250.

Wir können vermuten, daß dieser Impuls aufs engste mit der Geistigkeit zusammenhing, die durch Jahrhunderte und Jahrtausende bereits auf Gotland gewaltet hatte. Fassen wir dies einmal zusammen: In Urzeiten wurde auf Gotland ein »Feuer« entzündet, und zwar ein solches, das nicht zu Leiden und Schicksalsausgleich führen mußte – ein »reines« Feuer. Die Blutskräfte schwiegen auf Gotland, es gab keinen König, keine Adelsgeschlechter und keine Blutrache. Das Schicksal der Menschen wurde sehr stark individuell gestaltet. Von Gotland gingen niemals kriegerische Handlungen aus; dennoch können die Goten, die das Weltreich Rom stürzten, in einem – im weitesten Sinne – geistigen Zusammenhang mit Gotland gesehen werden. Das ausgeprägte Rechtsbewußtsein gab den einzelnen Menschen oder Familien die Selbstverantwortlichkeit in bezug auf das religiöse Leben; sie durften das Christentum annehmen. Dies geschah freiwillig. Es war ein Sonnenchristentum. Wir müssen noch etwas erwähnen: Gotland hat niemals eine Lokalgottheit verehrt, obwohl nichts nähergelegen hätte. Zwar ist dort ein bedeutendes geistiges Zentrum gewesen, aber diese Geistigkeit wurde nicht für sich selbst zum Gegenstand der Verehrung, sondern stellte die Frage nach Gott: »Wer ist wie Gott?« Diese Bezeichnung hatte man im Vorderen Orient bereits vor langer Zeit einem Erzengelwesen gegeben. Es war als Führergeist und mächtiger Vorbereiter und Beschützer des nahenden und sich entfaltenden Christentums erlebt worden: Michael (hebr. Mikha-el).

»Michael war ein populärer Erzengel, man ist versucht zu sagen eine Gottheit auf Gotland...« (Roosval).

Es gibt eine Reihe von Legenden aus dem Leben Kaiser Heinrichs II., die sich um seinen Besuch auf dem Monte Gargano in Süditalien spinnen. Auf diesem Berge befindet sich ein Michaelsheiligtum, das der Kaiser aufsuchte. Während einer Nacht, die er allein in der Michaelsgrotte zubrachte, wurden ihm höchste geistige Erlebnisse zuteil, die sich dann in der gewaltigen Schau des Engelsfürsten Michael zentrierten. Genau wie früher Jakob, so ging auch Heinrich gezeichnet aus diesem Geisteskampf hervor: er war danach zeit seines Lebens lahm. Die Bilder der Legenden, die den Gotländern bekannt waren, drücken es mit aller Deutlichkeit aus, daß Heinrich vom Erzengel Michael zu seinem Mitstreiter und Diener ausersehen war.

Dieser Erzengel wird meist dargestellt und gekannt als der Drachenbesieger. Er ist der Überwinder der tierhaft niederen Natur des Menschen, die sich besonders in den ungeläuterten Blutskräften auslebt. Als solcher wurde er vor allem im Westen unzählige Male als Mahnbild vor die Menschenseelen gestellt.

Auf Gotland finden wir auch einige Bilder, auf denen Michael so erscheint, wie er vor allem im Osten abgebildet wurde: »Ein beflügelter Reiterheiliger auf sich bäumendem Pferd richtet seine Lanze nach einem Gegenstand auf dem Boden (Taufsteine in Sanda, Mästerby, Hogrän); es ist vermutlich St. Michael, da dieser in genau derselben Form gewöhnlich in der byzantinischen Kunst vorkommt. Im Abendland ist er, soviel wir wissen, als Reiter weniger bekannt« (Roosval). Hier wird Michael bei seinem Kampf gegen das »Tier« von einem *edlen* Tier getragen und unterstützt. Darin können wir das Bild für mitvererbte, instinktive Erkenntniskräfte sehen.

Gotland lag nicht nur handelsmäßig, sondern auch geistig in der Mitte zwischen Ost- und Westströmung. Michael erscheint hier oft mit der *Waage,* die ja ein Bild für das Finden der Mitte ist. In dieser Waage entwickelt der Kelch das größte Gewicht. Der Kelch ist aber das Bild des Herzens, in der »Mitte« des Menschen. Herzenskräfte waren es, die auf Gotland michaelisch das Christentum stützten.

Die Tochter des Goldschmieds

Im Jahre 1361 n. Chr. wurde Gotland von einem dänischen Heer erobert. Obwohl die Hansestadt Visby ihre Handelsverbindungen weiter aufrechterhalten durfte, hörte die Bautätigkeit auf der »Insel der hundert Kirchen« schlagartig fast völlig auf. Im wesentlichen ist es nur der »Passionsmeister«, der nach diesem Zeitpunkt noch einmal eine Schaffensperiode einleitete, indem er viele Landkirchen mit seinen Passionsfriesen ausmalte. Im großen gesehen bezeichnet das Jahr 1361 den markanten Schlußpunkt einer Kulturentwicklung, die dreieinhalb Jahrtausende gewährt hat.

Oftmals ist die Frage nach der Ursache der Katastrophe von 1361 gestellt worden, als der dänische König Waldemar Atterdag das gotländische Heer vor den Toren Visbys besiegen konnte. Welches ist das Motiv für einen solchen Feldzug gewesen? Strategisch war die Insel kein Gewinn, eher eine Belastung, da sie vom dänischen Mutterland zu weit entfernt lag. An dem umfangreichen Handel war Waldemar Atterdag offensichtlich nichts gelegen, denn schon zwei Tage nach der Eroberung wurden die Privilegien Visbys von ihm bestätigt und erneuert. Als Tauschobjekt bei einem späteren Friedensschluß war Gotland für die Dänen ohne Wert, denn im Frieden von Stralsund (1370) wurde es allem Anschein nach völlig vergessen.

Warum also eroberten die Dänen Gotland? Man hat häufig beklagt, daß unter den damals Lebenden nicht ein einziger »geschichtsbewußter« Mensch war, der eindeutig berichtet hätte, wie es zugegangen ist. Denn an Stelle von Tatsachen oder vielleicht sogar Ziffern hinterließen die Zeugen der Ereignisse einen ganzen Strauß von – Poesie! In Sagen und Liedern wurde sie besungen: die Tochter des Goldschmieds, die den Verrat begangen hatte. Daß es Variationen dieser Erzählung gibt, widerspricht nicht dem wesentlichen Gehalt.

Die Sage berichtet, daß ein reicher Handwerker, Nils Goldschmied, der in Visby Wohnung genommen hatte, eine schöne und stolze Tochter besaß. Die gotländischen jungen Männer warben um sie. Das Mädchen aber wies sie alle verächtlich ab. Da zahlten sie es ihr zurück, gaben ihr Spitznamen und riefen ihr spöttische Reime nach. Darüber erboste der Goldschmied so sehr, daß er Rache zu üben gedachte. Er begab sich also heimlich zum dänischen König und redete auf ihn ein, Gotland zu plündern. Den Reichtum der Insel aber malte er mit den Worten aus: »Die Schweine fressen aus Silbertrögen, und die Frauen spinnen auf Spindeln von Gold.«

»Verschiedene Versionen entfalten die Ereignisse in dem Sinne, daß Waldemar, von den Vorspiegelungen des Goldschmieds angelockt, als Kaufmann verkleidet nach Visby hinüberfuhr, wo es zu einer Liebesgeschichte zwischen dem König und der Tochter des Goldschmieds kommt« (Bengt Thordemann).

Die Geschichtsforschung hat mit unermüdlichem Fleiß ein ungeheuer umfangreiches Material über die politischen Geschehnisse des 14. Jahrhunderts ans Tageslicht gebracht. Es herrschte ein ständiger Wechsel der Machtpositionen von Dänen, Gotländern, Schweden, Holsteinern, Mecklenburgern, Wenden, Hansestädten, Königshäusern, Adelsgeschlechtern, Ritterorden und – Seeräubern. Von Monat zu Monat verschob sich das Bild des Kräftepiels durch Verträge und Vertragsbrüche, durch Kriege und Intrigen.

In welchem Zusammenhang damit steht die Geschichte von der Tochter des Goldschmieds? Erstaunlicherweise ist sie die Antwort der damaligen Menschen auf die Frage nach der Ursache vom Untergang Gotlands. Das Bild fängt an zu sprechen, wenn wir es als eine Imagination verstehen, als ein Gleichnis für die geistige Realität der Sache. Die Tochter des Goldschmieds – sie lebt, selbst noch nicht mündig, in dem Haus ihres Vaters – ist täglich von Gold umgeben. Aber sie ist noch nicht reif, den Schein, die Magie, die Versuchung und den Fluch des Goldes zu durchschauen oder gar zu beherrschen. Rudolf Steiner macht in seinen Kunstvorträgen darauf aufmerksam, daß es in den damaligen Goldschmiedezünften noch ein Wissen davon gab, für profane Dinge das Gold nicht verwenden zu dürfen. Es sollte nur dann in Erscheinung treten, wenn es Übersinnliches in kultischen oder halbkultischen Zusammenhängen zur Anschauung brachte. Ähnliches galt für Silber und Edelsteine.

In der Umbruchzeit des ausgehenden Mittelalters trat eine innere Unsicherheit diesen Berufsgeheimnissen gegenüber ein. Menschen wuchsen heran, die den geistigen Kräften des Goldes nicht mehr gewachsen waren: die *Tochter* des Goldschmieds, die eine Art von Sündenfall auslöste. Das Verhältnis, das die Menschen zum Gold hatten und haben, offenbart meist auch ihr Verhältnis zu den geistigen Ordnungen in der Welt; Unsicherheiten in bezug auf das Gold deuten auf geistige Unsicherheiten hin. Letzteres trifft auch für die damalige Zeit zu. Schon ein halbes Jahrhundert zuvor war Europa bis in die Grundfesten durch eine gewaltige Goldkatastrophe erschüttert worden, als Philipp der Schöne nach dem Gold der Templer griff. Bald sollte auch – man kann das ganz real nehmen – auf den unzähligen Heiligen- und Madonnenbildern der bis dahin selbstverständliche Goldhintergrund sich verdunkeln und gänzlich verschwinden.

Ein goldenes Zeitalter ging zugrunde; mögen wir es auch von einem mehr irdischen Gesichtspunkt her das »finstere« Mittelalter nennen.

Visby kaufte sich von der drohenden Plünderung durch sein Gold los. (Erst am Pfingstmorgen des Jahres 1525 wurde die Stadt von einer lübeckischen Flotte in Trümmer geschossen.) Waldemar hatte drei der größten Bierbehälter der Stadt zusammentragen lassen und befohlen, sie innerhalb von drei Tagen mit Kostbarkeiten zu füllen, falls die Stadt der Brandschatzung entgehen wolle. Sie waren noch vor dem ersten Abend gefüllt.

Doch Gotland gab sein Gold nicht her: In einem furchtbaren Aufruhr der Elementargewalten sank das Schiff zwischen der Hauptinsel (Gotland) und den Karls-Inseln auf den Meeresgrund. An klaren Sommertagen meinen manche Menschen, das glitzernde Gold dort unten noch zu »sehen«. Es mag mit dieser Schiffskatastrophe zusammenhängen, daß man keine – auch nicht vereinzelte – Kostbarkeiten von Visby in den dänischen Schatzkammern antrifft.

Über den Massengräbern der gefallenen zweitausend Gotländer wurde vor der Stadtmauer ein Kreuz – ein Sonnenkreuz – errichtet, mit der Aufschrift: »ANNO D(OMI)NI MCCCLXI F(E)RIA IIIA POST IAKOBI ANTE PORTAS WISBY I(N) MA(N)IB(US) DANOR(UM) CECIDERU(N)T GUTENSES H(IC) SEP(UL)TI OR(ATE) P(RO) EIS« (Abb. 31). (Im Jahre des Herrn 1361, am 27. Juli fielen vor den Toren Visbys die hier begrabenen Gotländer in die Hände der Dänen. Betet für sie.)

Aus der Formulierung »*vor* den Toren Visbys« kann man den Vorwurf gegen die von den Zinnen der Stadtmauer herabschauenden Bürger herauslesen, welche die kämpfenden Bauern im Stich gelassen hatten. Während nämlich die Stadt der Zerstörung ent-

Fig. 13: Hauptfeld des Bildsteins von Vallstena. Bewegter Sonnenkreis, darunter Kampfszene. (Histor. Museum, Stockholm.)

ging, fielen die Scharen Waldemars um so heftiger plündernd und mordend über das Land her. In der Kirche von Fide stehen die Worte des Schmerzes: »Edes succese gens cesa dolens ruit ense.« (Das Heiligtum ist verbrannt, das Volk ist geschlagen und fällt klagend unter dem Schwert.) Diejenigen Buchstaben in dieser Inschrift, die gleichzeitig auch einen Zahlenwert als römische Ziffer haben (DD CCC L VV I) ergeben zusammengerechnet ebenfalls die Zahl des Unglücksjahres 1361.

Im Gegensatz zu dem verschonten Visby wurde die Bautätigkeit in ihrer großen Form auf dem Lande eingestellt. Während fast alle Landkirchen aber durch die kommenden Jahrhunderte hindurch ihrem Zweck dienen konnten, wurden die Gotteshäuser Visbys – mit Ausnahme von St. Marien – im 16. Jahrhundert in Schutt und Asche gelegt (Abb. 104).

Über die Wellen des Meeres und der Zeitgeschehnisse waren die Schiffe an den Erdenstrand gekommen. In Gotland hatten sich die bedeutenden Strömungen zwischen West und Ost, zwischen Nord und Süd getroffen. Die Lebensformen der Bürger und Bauern-Kauffahrer, die Handelsformen der Hanse waren die fortschrittlichsten der damaligen Welt. Das Bewußtsein von dem Erdendasein und den Ich-Geheimnissen des Menschen war entwickelt und in einer unglaublichen Fülle von Kunstwerken sichtbar gemacht worden. Der mächtige Erzengel Michael, der für die geistige Zukunft des Menschen, der ganzen Menschheit wirkt, war der Genius der Insel und genoß eine hohe Verehrung. Er wird heute nicht mehr so sehr an besonderen Stätten erlebt, sondern kann überall als Schutzgeist in den gefahrvollen, erschütternden Ereignissen unserer Zeit erfahren werden.

Durch ein neues Bewußtsein, das in dem Christus das kosmische Sonnenwesen schauen kann, sehen wir auch die Insel Gotland neu, die von Urzeiten her die Stätte einer Sonnenverehrung gewesen ist. Sie bildet einen Strahlungspunkt im »Meer des Friedens« und schlägt eine Brücke zwischen Vergangenheit und Zukunft, welche die Menschen der benachbarten Völker miteinander verbinden kann.

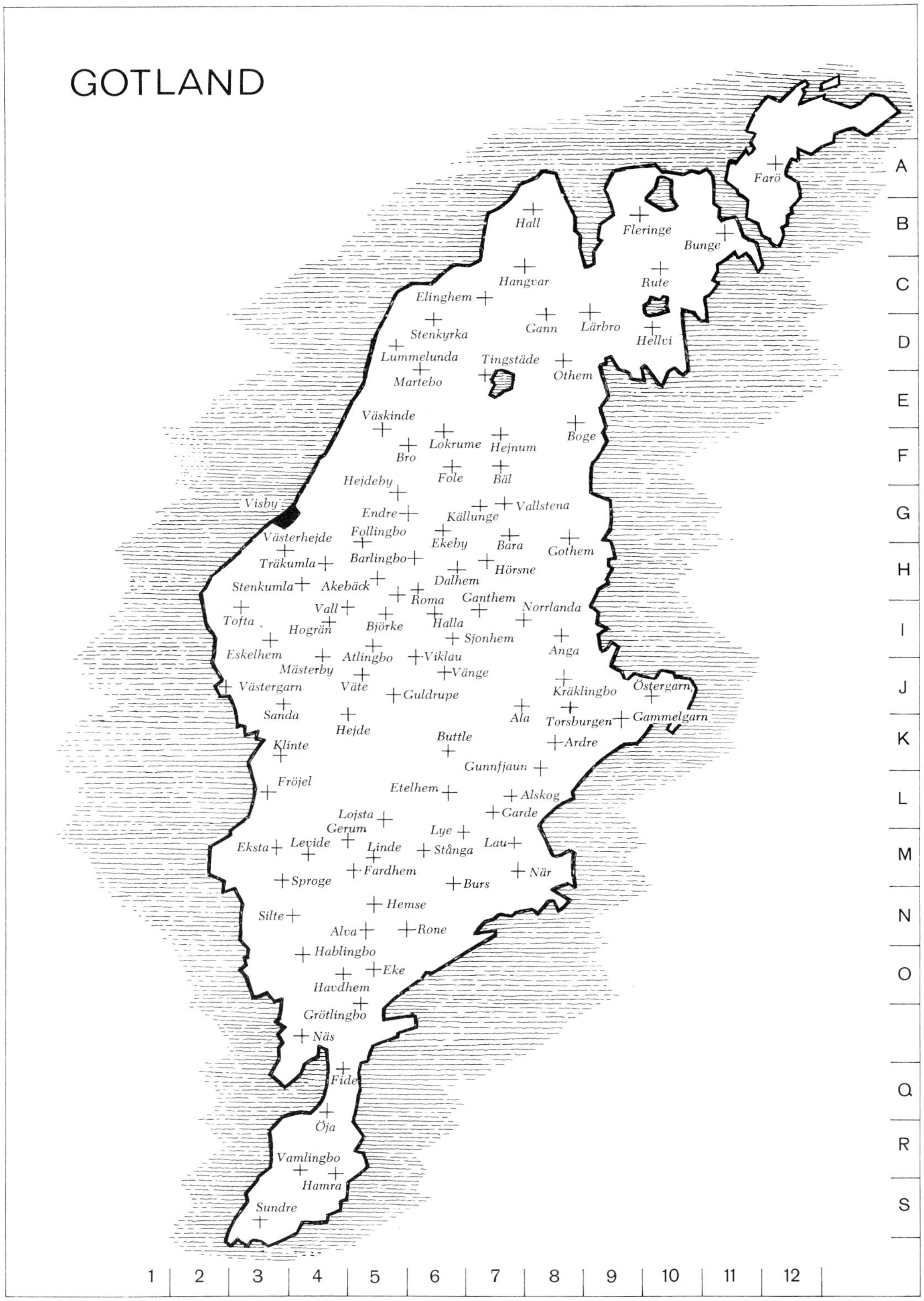
GOTLAND
Farö
Hall
Fleringe
Bunge
Hangvar
Rute
Elinghem
Stenkyrka
Gann
Lärbro
Hellvi
Lummelunda
Tingstäde
Othem
Martebo
Väskinde
Boge
Lokrume
Hejnum
Bro
Fole
Bäl
Hejdeby
Visby
Vallstena
Endre
Källunge
Västerhejde
Follingbo
Ekeby
Bara
Gothem
Träkumla
Barlingbo
Hörsne
Dalhem
Stenkumla
Akebäck
Roma
Ganthem
Vall
Norrlanda
Tofta
Hogrän
Björke
Halla
Sjonhem
Eskelhem
Anga
Atlingbo
Viklau
Mästerby
Vänge
Västergarn
Väte
Guldrupe
Kräklingbo
Östergarn
Sanda
Ala
Torsburgen
Gammelgarn
Hejde
Buttle
Ardre
Klinte
Gunnfjaun
Fröjel
Etelhem
Alskog
Lojsta
Garde
Gerum
Lye
Eksta
Levide
Linde
Stånga
Lau
Fardhem
När
Sproge
Burs
Hemse
Silte
Alva
Rone
Hablingbo
Eke
Havdhem
Grötlingbo
Näs
Fide
Öja
Vamlingbo
Hamra
Sundre
A
B
C
D
E
F
G
H
I
J
K
L
M
N
O
Q
R
S
1
2
3
4
5
6
7
8
9
10
11
12

Register

Buchstabe und Ziffer hinter dem Ortsnamen dienen dem Auffinden auf der Karte S. 222

Literaturverzeichnis

Adam von Bremen: Gesta pontificum Hammenburgensium. Bremen 2. Hälfte 11. Jahrhundert.

Arne, T. J.: Gotland-Kiev under vikingatiden. 1943.

Bock, Emil: Das Zeitalter der romanischen Kunst. Stuttgart 1958.
Kindheit und Jugend Jesu. Stuttgart 1939.

Carlén, Octavia: Gotland och dess fornminnen. Stockholm 1862.

Deus, Wolf-Herbert: Scheibenkreuze in Soest, auf Gotland und anderswo. Soest 1967.

Edda, übertragen von Felix Genzmer, Hugo Gering.

Eimer, Birgitta: Gotland unter dem Deutschen Orden. Innsbruck 1966.

Forssander, J. E.: Irland-Oseberg. Lund 1943.

Gsänger, Hans: Die Externsteine. Freiburg 1964.

Gustavson, Johan Herbert: Namnet Gotland. Visby 1923.

Gutalag, 14. Jahrhundert; darin Aufzeichnung der Guta-Saga. Gotland.

Halfar, Wolfgang: Gotland. Husum 1981.

Hofmeister, Adolf: Die heilige Lanze (Untersuchungen zur deutschen Staats- und Rechtsgeschichte). Breslau 1908.

Jakobstahl, Paul: Early Celtic Art. Oxford 1944.

Jordanis: De origine actibusque Getarum (Auszug aus dem Werk des Cassiodorus). 6. Jahrhundert.

Kayser, Felix: Kreuz und Rune. Stuttgart 1964.

Lagerlöf-Svahnström: Gotlands kyrkor. Stockholm 1966.

Liljeroth, Erik: Gotland, Malmö 1959.

Lindholm, Dan: Stabkirchen. Stuttgart 1968.

Lindqvist, Sune: Forngutniska altaren. Stockholm 1962–63.
Gotlands Bildsteine. Stockholm 1941–42.

Liungman, Waldemar: Sveriges samtliga folksagor. Stockholm 1949–52.

Los, Cornelis: Die altirische Kirche. Urchristentum im Westen. Stuttgart 1954.

Lundberg, Erik: Visby. Stockholm 1962.

Mändl, Hans: Vom Geist des Nordens. Stuttgart 1966.

Meyer, Rudolf: Nordische Apokalypse. Stuttgart 1967.

Mikoletzki, Hans Leo: Kaiser Heinrich II. und die Kirche. Wien 1946.

Nylén, E.: Bildsteine auf Gotland. 1981.

Pastor, Willy: Aus germanischer Vorzeit. Berlin 1907.

Petersens/Edqvist: Gotland. Stockholm 1960.

Richter, Gottfried: Chartres. Stuttgart 1955. Ideen zur Kunstgeschichte. Stuttgart 1937.

Roosval, Johnny: Den gotländska ciceronen. Stockholm 1926.

Rosenbohm, Rudolf: Die heilige Kunigunde. In: Kaufunger Hefte Nr. 2. 1979.
Die Steinmeister Gotlands. Stockholm 1918.
Westfälisch-gotländische Beziehungen in der Architektur. Lübeck 1928.

Säve, Per Arvid: Skogens sagor eller växtligheten på Gotland. Stockholm 1887.
Hafvets och fiskarens sagor. Stockholm 1880.

Sjöberg, Åke G. (Hrsg.): Historia kring Gotland. Stockholm 1963.

Skerst, Herman v.: Ursprung Rußlands. Stuttgart 1961.

Söderberg, Bengt G.: Vad skall jag se på Gotland? Stockholm 1963.
Steiner, Rudolf: Die Mission einzelner Volksseelen im Zusammenhang mit der germanisch-nordischen Mythologie. Dornach 1962.
Der Streit Michaels mit dem Drachen. Dornach 1969.
Die Geschichte der Menschheit und die Weltanschauungen der Kulturvölker. Dornach 1968.
Geschichte des Mittelalters bis zu den großen Erfindungen und Entdeckungen. Dornach 1936.
Kunstgeschichte als Abbild innerer geistiger Impulse. Dornach 1939.
Weihnachten in schicksalsschwerster Zeit. Dornach 1948.
Ström, Folke: Nordisk hedendem. Göteborg 1961.
Tacitus: Germania. 1. Jahrhundert.
Thordeman, Bengt: Korsbetningen. Stockholm 1964.
Yrwing, Hugo: Gotlands medeltid. Lund 1978.

Bildquellen

© Antikvarisk-Topografiska Arkivet, Stockholm (ATA): 4, 5, 6, 10 (Foto: H. Andersson), 11, 20, 21, 22, 23, 84 (Foto: J. Anderson), 104 (Foto: J. Anderson), 114 (Foto: J. Anderson), 115, 116 (Foto: G. Gädefors).
Arne Philip: 26, 27, 28, 29. H. Gmelin †, Dornach: 94, 121, 155 und Umschlagfoto. © Fornsalen, Visby; Fotos: Raymond Hejdström: 1, 2, 24, 95, 102.
© Raymond Hejdström: 100, 105, 111, 117, 124, 127, 135, 136, 137, 141, 142, 143, 144, 160, 161, 162. Hans Hemlin: 176, 177, 178; U. Lemke: 12, 13, 14, 15, 16, 17, 18, 19, 30, 31, 32, 33, 34, 35, 36, 37, 38, 39, 40, 41, 42, 43, 44, 45, 46, 47, 48, 49, 50, 51, 52, 53, 54, 55, 56, 57, 58, 59, 60, 61, 62, 63, 64, 65, 66, 67, 68, 69, 70, 71, 72, 73, 74, 75, 76, 77, 78, 79, 80, 81, 82, 83, 85, 86, 87, 88, 89, 90, 91, 92, 97, 98, 99, 101, 106, 107, 108, 109, 110, 112, 113, 118, 122, 123, 125, 128, 129, 145, 146, 147, 148, 149, 150, 151, 152, 153, 154, 156, 157, 158, 159, 163, 164, 165, 166, 167, 168, 169, 170, 171, 172, 173, 174, 175, 179, 180, 181. Riksantikvarieämbetet, Stockholm, Fotos: Gunnel Jansson: 3, 7, 8, 93, 96, 130, 131, 132, 133, 134, 138, 139, 140.
Riksantikvarieämbetet, Stockholm, Foto: Sören Hallgren: 9. Ingeborg Vatheuer: 119, 120.

Die Luftaufnahmen in diesem Buch sind von Försvarsstaben in Stockholm zur Veröffentlichung freigegeben worden.